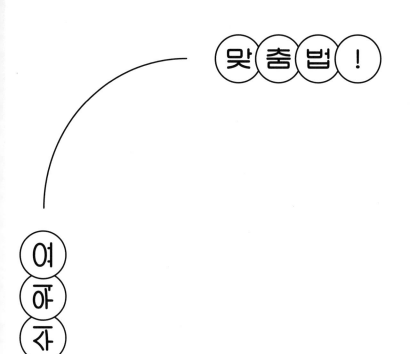

맞춤법 !

국립국어원
국어문화학교 선생님의
우리말 교실

진정 지음

여아사

행림 리행

마리북스

글이 일상에서
말을 대체한 시대,
맞는 말 틀린 말

우리 일상에서 글이 참 많은 부분을 차지하는 시대가 되었습니다. 오늘 저녁에 친구 또는 가족과 약속을 잡는다고 해 봐요. 전화로 약속을 잡는 사람은 많지 않을 것입니다. 대개 문자 메시지나 카카오톡, 라인 등의 메신저에 글을 쓸 겁니다. 어떤 이들은 문자로 예고하지 않고 바로 전화하는 것을 무례하다고 여기기도 합니다. 심지어 젊은 세대들 중에는 음성으로 소통하기를 꺼리는 콜 포비아call phobia, 즉 전화 공포증까지 호소하지요. 글이 일상에서 말을 대체한 것입니다.

인터넷 뉴스를 보고 의견을 남길 때나 유튜브로 영상을 보고 감상을 남길 때도 우리는 글을 씁니다. 인터넷 커뮤니티에서는 정치나 사회 문제 등을 글로 활발하게 논쟁합니다. 인스타그램이나 페이스북에서 마음에 드는 이를 보고 연락을 할 때도 간단한 글을 쓰지요. 과연 '글쓰기의 시대'라고 해도 지나치지 않은 요즘입니다.

그런 만큼 올바른 글쓰기가 더욱 중요해졌습니다. 바로 한글 맞춤법이나 표준어 규정 등 어문규범에 맞게 쓰는 일입니다. 얼마 전에 경기도에 있는 한 공공기관에 강의를 하러 갔습니다. 담당자가 강의 장소까지 안내해 주면서 질문을 했습니다. "선생님, 정말 '할께'가 아니라 '할게'가 맞나요? 아, 퇴근길에 딸한테 뭘 사다 주기로 했는데 메신저에 '할게'라고 썼다가 틀렸다고 혼났습니다."

일상의 소통에서 글이 활용되는 시대이니만큼 바른 표기에 예민해진 이들이 많다는 것을 보여 주는 사례이지요. 이러한 반응을 우리는 인터넷에서도 흔히 볼 수 있습니다. 인터넷 뉴스의 댓글을 볼까요? 어떤 기자가 기사 제목을 한글 맞춤법에 어긋나게 썼다면, 그 뉴스의 댓글 맨 처음에 '기자가 맞춤법도 모르다니'가 달릴지도 모릅니다.

때로 글을 다른 이에게 내보이는 일은 평가를 전제합니다. 글이 글쓴이가 어떤 사람인가를 판단해 볼 수 있는 주요한 평가 수단이 되기도 하기 때문이지요. 직장에서 업무와 관련해 주고받는 문서가 대표적입니다.

특히 직장의 세계에서는 어문규범에 맞게 쓰는 일이 더욱더 중요합니다. 2017년 잡코리아 조사에 따르면 대부분의 인사 담당자는 맞춤법이 틀린 자기소개서에 부정적 인상을 받는다고 합니다. 실제로 지원자가 지원서에 여러 차례 맞춤법을 틀렸다면 탈락시키겠다고 응답한 인사 담당자가 40퍼센트나 되었다고 합니다. 서류전형 평가 결과가 합격 수준이라 하더라도 말입니다.

취업 활동뿐만 아니라 업무를 할 때도 어문규범은 아주 중요합니다. 행정안전부에서 만든 〈명품보고서 가이드〉를 보면 공무원들의 보고서에서 어문규범에 틀린 표기가 있다면 좋은 평가를 받을 수 없다고 합니다. 보고서는 보고서를 쓴 사람의 얼굴입니다. 또한 결재권자인 상사와 대화하는 통로이지요. 이러한 보고서에 나타난 잘못된 표기는 원칙을 지키지 않는 사람이라는 인상을 주고 원활한 대화를 방해할 것입니다. 반듯한 글이 반듯한 사람을 드러내지요.

이 책은 우리가 일상에서 그리고 직장에서 흔히 틀리는 여러 표기들을 담았습니다. 예와 함께 제시하여 용법을 익히도록 했고, 사전처럼 가나다순으로 구성하여 독자들이 헷갈리는 단어들을 찾기 쉽게 만들었습니다. 아울러 익힌 표기를 점검해 볼 수 있도록 열 개째 어휘마다 간단한 문제를 실었습니다.

아무쪼록 이 책이 여러분들의 맞춤법 스트레스를 더는 데 도움이 되기를 바랍니다.

2024년 4월

진정

가리키다와 가르치다

　　예전에는 '가리키다'와 '가르치다'를 잘못 쓰는 경우가 많았습니다. 그런데 이제는 각각 어떤 상황에서 써야 하는지 많이 알려져서 틀리는 일이 줄어들었지요. 다만 '아이를 바르게 가르키기 어려워요', '손가락이 가르키는 방향으로 쭉 가세요'처럼 '가르키다'라는 잘못된 표현은 아직도 쓰고 있습니다. '가르키다'는 언제나 틀린 말입니다. 손가락 따위로 어떤 방향이나 대상을 집어서 보이거나 말할 때는 '가리키다'를 씁니다. 교육할 때는 '가르치다'를 써야 하지요. '가리'에는 '키', '가르'에는 '치'가 붙는다는 사실, 꼭 기억하세요.

- ✦ 한글 맞춤법을 가르치는 일은 참 어려워요. 예외가 많아서 외워야 할 내용이 많거든요.
- ✦ 손가락보다 손가락이 가리키는 방향이 중요해요. 단어 하나하나의 표기를 익히는 것도 좋지만 한글 맞춤법이 왜 필요한지를 알아야 해요.

가정란, 경제란, 정치란과 어린이난

신문이나 잡지에는 주제가 나뉘어 있습니다. 정치, 경제, 사회, 연예처럼 주제를 나누어 소식을 전합니다. 신문에서는 정치면, 경제면이라고 말하는데, 한자어 '면面' 대신에 '난欄'이 쓰이기도 합니다.

'난欄'은 한자어의 두음법칙에 따른 표기입니다. 한글 맞춤법에서는 '란欄'이 고유어와 서구 외래어 다음에 올 경우에는 '난'으로 적고, 한자어 다음에 결합하는 경우에는 '란'으로 적는다고 규정해 놓았습니다. 고유어나 외래어 뒤에 결합한 한자어는 독립적인 한 단어로 인식하여 두음법칙이 적용되고, 한자어 뒤에서는 그렇게 적용되지 않기 때문입니다.

이에 한자어로 이루어진 말 뒤에 붙을 때는 '란'으로 써서 '가정란', '경제란', '정치란'으로 써야 하고 고유어인 '어린이' 다음에는 '난'으로 써야 합니다. 읽을 때는 모두 '난'으로 발음해 주세요. [가정란], [어린이란]으로 발음하면 틀려요. [가정난], [어린이난]으로 발음하세요.

✦ 나는 이번 학급 신문 가정란에 우리 할아버지 이야기를 실으려고 해. 우리 할아버지가 요즘 식물 키우는 영상을 올리시는데 그 영상이 인기가 많거든.

✦ 나는 어린이난에 지연이 동생 이야기를 실어야겠어. 춤을 아주 잘 춰서 동네 마트 행사에 초청됐대.

간질이다와
간지럽히다

비슷한 말이 있으면 맞춤법을 더 많이 틀립니다. 간지럽게 만드는 행위를 나타내는 말은 '간질이다'입니다. '간지럽다'라는 말 때문에 '간지르기', '간지르다'처럼 '르'를 넣어 잘못 쓰는 경우가 많습니다. '간지럽게 하다'라는 의미를 가진 다른 말로 '간지럽히다'도 있습니다. 앞으로 달콤한 말로 마음을 '간지르지' 말고 '간질이거나' '간지럽혀' 주세요.

✦ 어디에서 타는 냄새 안 나요? 내 가슴이 타고 있는데.

✦ 제 마음을 너무 간질이는 말이네요. 더 간지럽히면 옆에서 견디기 힘들겠어요.

갈가리와
갈갈이

　　'갈가리'는 '가리가리'의 준말입니다. 여러 가닥으로 갈라지거나 찢어진 모양을 뜻합니다. 그런데 이를 '갈갈이'와 같은 형태로 쓰는 경우를 많이 봅니다. '갈갈이'는 '가을갈이'의 준말입니다. 다음 해의 농사에 대비하여 가을에 논밭을 미리 갈아 두는 일을 뜻합니다. 둘의 의미가 완전히 다르니 잘 구분해서 사용해야 합니다.

✦ 어제 애인이랑 헤어져서 마음이 갈가리 찢어지는 것 같아.

✦ 일에 몰두해 보면 어때? 이번 주 갈갈이에 일손이 필요한데 같이 가자.

갉작거리다(갉작이다)와 긁적거리다(긁적이다)

종종 머리가 간지러울 때 손가락으로 머리를 긁적이지요. 이럴 때 '갉작거리다'라는 표현을 쓸 수 있습니다. 그런데 '갈작거리다', '갈짝거리다'라고 잘못 사용될 때가 많지요. '갉작거리다'는 '날카롭고 뾰족한 끝으로 바닥이나 거죽을 자꾸 문지르다', '되는대로 글이나 그림 따위를 자꾸 쓰거나 그리다'라는 뜻을 지니고 있습니다. 이 말은 '긁적거리다'로 바꾸어 쓸 수 있습니다. 접사 '거리' 대신 '이'가 들어간 '갉작이다', '긁적이다'도 같은 의미입니다.

✦ 뭐 하고 있어?

✦ 그냥 심심해서 그림이나 갉작거리는 중이야.

개개다와
개기다

'개개다'와 '개기다'는 어떻게 구분해서 써야 하는지 헷갈리는 표현입니다. 둘 다 그 행위를 하는 상대가 있고 부정적인 의미를 지니기 때문입니다. '개개다'는 '성가시게 달라붙어 손해를 끼치다'라는 뜻입니다. 상대에게 손해를 끼치는 상황에서 쓸 수 있지요. '개기다'는 속된 말로 '명령이나 지시를 따르지 않고 버티거나 반항하다'라는 의미를 지니고 있습니다. 상대에게 반항하느냐에 초점을 맞추면 구별하기 쉽습니다.

✦ 나에게 언제까지 개개고 있을 거야. 이제 독립적으로 살 방안을 찾아야지.

✦ 조금만 기다려 줘. 이제 다니는 회사의 상사에게 개기지 않고 돈을 열심히 모아서 독립할게.

개발새발과 괴발개발

'괴발개발'은 고양이의 발과 개의 발이라는 뜻으로, 글씨를 되는대로 아무렇게나 써 놓은 모양을 이르는 말입니다. 고양이와 개는 소통 방식이 달라서 서로 친해지기 어렵다고 하지요? 그래서 서로 쫓고 쫓기는 난장판과 같은 흔적에 빗대어 글씨체가 단정치 못할 때 사용합니다. 원래는 이 말이 유일한 표준어였는데 2011년에 '개발새발'이 복수 표준어로 인정됐습니다. 고양이를 뜻하는 '괴'라는 단어가 잘 쓰이지 않자 사람들이 '개발새발'을 더 자주 사용했기 때문입니다.

✦ 급해서 글자를 빨리 적었더니 정말 괴발개발이다.

✦ 괜찮아. 나는 더 개발새발로 적은 글자도 잘 읽어.

개수

물건이 몇 개인지 셀 때 '개수'를 쓰지요. 개수의 발음이 [개:쑤]라서 사이시옷을 넣은 '갯수'가 바른 표기 같습니다. 그러나 기억하세요. 개수는 '個'와 '數'로 이루어진 말입니다. 두 음절로 된 한자어 중 사이시옷을 쓰는 단어는 '숫자, 셋방, 횟수, 찻간, 곳간, 툇간'뿐입니다. 이 밖의 두 음절 한자어에는 사이시옷이 들어가지 않습니다. 특히 '수數'가 뒤에 들어간 두 음절 한자어에서 사이시옷이 있는 말은 '횟수'뿐입니다.

✦ 부족한 물건은 더 사 와야겠다. 지금 종이컵이 몇 개 남았는지 개수 좀 세어 줄래?

✦ 알았어. 개수를 확인해 보고 나서 얼마나 부족한지 알려 줄게.

객쩍다

행동이나 말, 생각이 쓸데없고 싱거울 때 '객쩍다'라고 합니다. 그런데 왠지 '쩍'으로 발음해도 '객적다'가 바른 표기 같습니다. 한자어 '객客'에 접사 '적'이 붙어서 이루어진 말이기 때문이지요. 그러나 접사 '적'이 '쩍'으로 발음이 굳어진 경우에는 소리 그대로 '쩍'으로 적습니다. '미심쩍다', '의심쩍다'도 이런 경우이지요.

✦ 여보는 오늘도 여전히 아름답네. 윤기 나는 머릿결, 풍성하고 긴 속눈썹, 탱탱한 석류알 같은 붉은 입술까지.

✦ 객쩍은 소리 그만하고 이리 와서 청소나 해요.

(거)

    '넌 내 거야', '넌 내 꺼야' 중에 무엇이 맞을까요? 발음이 [꺼]로 나기에 많은 사람이 '꺼'로 쓰고 있지요. '것'을 구어적으로 이르는 말은 '거'입니다. 그렇기에 '넌 내 거야'가 맞는 표기이지요. '거'는 구어적인 표현이기에 문서에 쓰기에는 적절하지 않습니다. 문서에 쓸 때는 '것'으로 써야 적절합니다. 한편 '거'에 조사 '이'가 붙으면 '게'로 표기됩니다. '할 것이 많아'를 '할 게 많아'로 쓴 표현이 그 예이지요.

✦ 내 거, 네 거 따지지 말고 함께 잘 쓰자.

✦ 오히려 내 거, 네 거를 잘 구별해서 쓰는 게 함께 사는 데 문제가 안 생길걸?

자주 헷갈리는
맞춤법
확인 문제

앞에서 익힌 바른 표기를 잘 기억하고 있는지 확인해 볼까요?

맞는 표기에 동그라미를 해 보세요.

1. 손이 가리키는 쪽을 보세요. ( )

   손이 가르키는 쪽을 보세요. ( )

2. 학교 소식란에 우리 아이의 수상 내용이 실렸어요. ( )

   학교 소식난에 우리 아이의 수상 내용이 실렸어요. ( )

3. 옆구리를 간지르면 참을 수 없어. ( )

   옆구리를 간질이면 참을 수 없어. ( )

4. 이별 통보는 내 마음을 갈가리 찢었어. ( )

   이별 통보는 내 마음을 갈갈이 찢었어. ( )

5. 쥐가 갈작거리는 소리 때문에 잠을 못 잤어. (   )

   쥐가 갉작거리는 소리 때문에 잠을 못 잤어. (   )

6. 방세도 내지 않고 내 집에서 개개고 있는 친구 때문에 힘들어. (   )

   방세도 내지 않고 내 집에서 개기고 있는 친구 때문에 힘들어. (   )

7. 아이가 개발새발 낙서를 해 놨어. (   )

   아이가 괴발개발 낙서를 해 놨어. (   )

8. 기념품 갯수를 참여자 수에 맞게 준비하세요. (   )

   기념품 개수를 참여자 수에 맞게 준비하세요. (   )

9. 객적은 소리 좀 하지 마요. (   )

   객쩍은 소리 좀 하지 마요. (   )

10. 내 꺼는 내가 챙겨야지. (   )

    내 거는 내가 챙겨야지. (   )

---

1. 가리키는 2. 소식란에 3. 간질이면 4. 갈가리 5. 갉작거리는
6. 개개고 7. 개발새발, 괴발개발 8. 개수를 9. 객쩍은 10. 거는

거르다

바쁜 일정 때문에 식사를 거르는 사람이 많습니다. '거르다'는 '찌꺼기나 건더기가 있는 액체를 체나 거름종이 따위에 밭쳐서 액체만 받아 내다', '차례대로 나아가다가 중간에 어느 순서나 자리를 빼고 넘기다'라는 뜻을 지닌 말입니다. 이 말의 활용형은 '걸러'이지요. '모래에서 금을 걸러 내다'처럼 쓸 수 있습니다. 이 때문에 종종 '거르다'를 '걸르다'로 쓰는 오류를 범합니다. '거'에는 '르', '걸'에는 '러'로 기억하세요.

✦ 뭐 먹을 것 없어? 스트레스 받아서 끼니를 걸렀더니 배고프다.

✦ 나도 마침 출출하니 치킨이나 시켜 먹자. 앞으로는 힘들어도 끼니를 거르지 마.

거방지다와
걸판지다

매우 푸진 상황에서 흔히 '걸판지다'라는 표현을 사용합니다. '걸판지게 놀아보자', '걸판진 잔칫상'처럼 쓰지요. 그런데 이 표현은 2017년 이전까지는 틀린 표현이었습니다. '거방지게 놀아보자', '거방진 잔칫상'으로 써야 했지요. '거방지다'보다 '걸판지다'가 많이 사용되어 2017년에 '걸판지다'도 표준어로 등재됐습니다. 둘 다 맞는 표기이니 적절한 상황에서 사용해 보세요.

✦ 오늘은 내가 살게. 마음껏 먹고 걸판지게 놀자!

✦ 소고기를 정말 거방지게 먹어 보겠어.

거시기

영화 〈황산벌〉을 본 적 있나요? 반복되는 '거시기'라는 말이 무엇을 뜻하는지 신라의 스파이 병사가 알아듣지 못하는 장면이 웃음을 주지요. 많은 사람이 '거시기'는 지역어라고 생각합니다. 그런데 '거시기'는 사전에 등재된 당당한 표준어입니다. 표준국어대사전에 '이름이 얼른 생각나지 않거나 바로 말하기 곤란한 사람 또는 사물을 가리키는 대명사'라고 풀이되어 있지요. 표준어로서의 거시기! 기억해 주세요.

✦ 키 크고 잘 웃던 우리 동창 그 거시기 말이야. 성이 김 가였던 것 같은데, 이름이 생각 안 나네.

✦ 아, 윤식이? 노란 그 거시기를 많이 걸치고 다녔는데 잘 살고 있는지 궁금하네.

거치적거리다와
걸리적거리다

　　과제에 집중하고 싶은데 다른 사람이 자꾸 말을 걸 때가 있지요. "치킨? 피자? 저녁에 뭐 먹고 싶어?", "방 청소 좀 해", "이 옷, 나 내일 입어도 돼?" 그러면 집중이 안 돼서 "걸리적거리지 말고 내 방에 들어오지 마" 하고 외치게 됩니다. 이때 '걸리적거리다'는 '거추장스럽게 자꾸 여기저기 걸리거나 닿다', '거추장스러워서 자꾸 거슬리거나 방해가 되다'라는 뜻입니다. 원래는 '거치적거리다'가 올바른 표현이었지만, 2011년에 '걸리적거리다'도 복수 표준어로 등재됐습니다.

✦ 서랍장이 여기 있으니까 좀 걸리적거리네.

✦ 그래? 그럼 서랍장 위치를 더 안쪽으로 옮길까?

건더기

'국이나 찌개 따위의 국물이 있는 음식 속에 들어 있는 국물 이외의 것'이라는 뜻을 지닌 건더기를 '건데기'로 발음하곤 합니다. 그래서 적을 때 그 소리대로 잘못 쓰기도 하지요. '건데기'는 '기'에 있는 'ㅣ' 모음의 영향으로 '더'의 'ㅓ'를 'ㅔ'로 발음해 더 쉽게 읽으려는 경향에서 생겨난 발음입니다. 그런데 이처럼 전설모음화가 일어난 발음은 '내기, 냄비, -동댕이치다'를 제외하고는 표준 발음으로 인정되지 않습니다. 그러니 '건더기'로 읽고 '건더기'로 씁시다.

✦ 왜 국물만 먹고 건더기는 남겼어. 어휴, 아까워라.

✦ 배가 불러서 더 못 먹겠어.

건드리다와 건들거리다

'건들면 다쳐!'는 올바른 표현인지 헷갈리지 않습니다. 그런데 '건드리면 터져', '건들이면 터져' 중에 무엇이 맞는지는 헷갈려서 사전을 찾아보게 됩니다. '조금 움직일 만큼 손으로 만지거나 무엇으로 대다'라는 뜻을 가진 말은 '건드리다'입니다. 그러니 앞에서 올바른 표기는 '건드리면 터져'이지요. '건들다'는 '건드리다'의 준말입니다. 한편 '건들'은 '바람이 부드럽게 불어오는 모양'을 나타내는 부사입니다. 동사형도 '건들이다'가 아닌 '건들거리다'이지요.

✦ 나 무지 화났어. 그러니까 지금 나 건드리지 마.

✦ 친구야, 바람이 창문 너머로 건들거리는데 산책이나 하고 오자. 그럼 화가 좀 가라앉을 거야.

걸맞은과
맞는

  답이 틀리지 않을 때 '맞는 답'이라고 합니다. 이 때의 '맞는'은 동사이기에 '는'이라는 어미가 붙을 수 있습니다. 그런데 '걸맞다'는 형용사입니다. '두 편을 견주어 볼 때 서로 어울릴 만큼 비슷하다'의 뜻을 지니고 있습니다. 뜻풀이에 나오는 '비슷하다'도 형용사입니다. 형용사에는 '는'이라는 어미가 붙을 수 없고, 대신 'ㄴ'이나 '은' 형태의 어미가 결합합니다. 그러니 '비슷하는'이 아닌 '비슷한'으로 활용되고, 마찬가지로 '걸맞는' 이 아닌 '걸맞은'이 맞는 표기입니다. 참고로 '알맞다'도 형용사이기 때문에 '알맞은'으로 활용해야 합니다.

✦ 회사에 걸맞은 옷차림으로 출근해야 하지 않을까요?

✦ 오늘 급하게 나오느라 눈에 보이는 대로 입었습니다.
   내일부터 주의하겠습니다.

결재와
결제

발음이 비슷하면 맞춤법도 헷갈립니다. '결재'와 '결제'도 그러한 경우이지요. 결재는 '결정할 권한이 있는 상관이 부하가 제출한 안건을 검토하여 허가하거나 승인하는 일'을 말합니다. '서류 결재'처럼 사용되지요. '결제'는 '증권 또는 돈을 주고받아 사고파는 당사자 사이의 거래 관계를 끝맺는 일'을 말합니다. '자금 결제', '신용카드 결제'처럼 사용됩니다.

✦ 이번 사업 계획은 결재만 받으면 반쯤 성공한 셈이야.

✦ 그럼 축하주를 마시러 가자. 비용은 내가 신용카드로 결제할게.

겸연쩍다와
계면쩍다

　　쑥스럽거나 미안해 어색한 상황에서 쓰는 말이 '겸연쩍다'인지 '계면쩍다'인지 헷갈려 하는 사람이 많습니다. 자세히 보면 두 말의 형태는 차이가 크지만 발음은 비슷합니다. '겸연'이 [겨면]으로 발음되니까 '계면'과 발음이 유사하지요. 그래서 '겸연'이 맞고 소리대로 쓰는 '계면'은 틀린 것 같습니다. 그런데 놀랍게도 둘 다 맞는 표기입니다. 사전에는 '계면쩍다'를 '겸연쩍다'가 변한 말이라고 풀이합니다. 변한말 그대로를 맞는 표기로 본 것입니다. 원래 형태에서 벗어나더라도 사람들이 두루 사용하면 변한말을 표준어로 쓰기도 합니다.

✦ 신학기에는 같은 과 동기더라도 대하기가 낯설고 겸연쩍어서 좀 힘들어.

✦ 맞아. 나도 처음 보는 사람과 있으면 참 계면쩍더라.

계제와
게재

　　'계제'와 '게재'는 발음이 비슷해 많은 사람이 혼란스러워하는 말입니다. 계제는 '어떤 일을 할 수 있게 된 형편이나 기회'라는 뜻입니다. 게재는 '글이나 그림 따위를 신문이나 잡지 따위에 실음'이라는 뜻이지요. 두 단어는 바꾸어 쓸 수 있는 말과 연결해 기억하면 쉽게 구분할 수 있습니다. 계제는 '형편', '기회'와 바꾸어 쓸 수 있고, 게재는 무엇인가를 내걸어 알리는 '게시'와 연결할 수 있습니다.

✦ 내가 좋아하는 가수가 쓴 글이 외국 유명 잡지에 게재됐어! 대단하지? 외국 사이트 반응 좀 살펴봐야겠어.

✦ 네가 지금 그럴 계제가 아니야. 우리 내일 시험 있잖아. 자기 일을 열심히 하는 팬이 훌륭한 팬 아닐까?

자주 헷갈리는
맞춤법
확인 문제

✦ 10

✦

앞에서 익힌 바른 표기를 잘 기억하고 있는지 확인해 볼까요?
맞는 표기에 동그라미를 해 보세요.

1. 단계를 걸르고 바로 2단계로 진행해도 됩니다. ( )
   단계를 거르고 바로 2단계로 진행해도 됩니다. ( )

2. 잔치에서는 걸판지게 놀아야지. ( )
   잔치에서는 거방지게 놀아야지. ( )

3. 지난번에 샀던 그것이 참 편해. ( )
   지난번에 샀던 거시기가 참 편해. ( )

4. 팀플레이에 집중하지 못하고 걸리적거리기만 하면 어떡하니? ( )
   팀플레이에 집중하지 못하고 거치적거리기만 하면 어떡하니? ( )

5. 라면에 건데기는 어디 갔을까? (　　)

   라면에 건더기는 어디 갔을까? (　　)

6. 나 오늘 너무 힘들어서 조금만 건들이면 쓰러질 거야. (　　)

   나 오늘 너무 힘들어서 조금만 건드리면 쓰러질 거야. (　　)

7. 회사 이름에 걸맞는 사원이 되겠습니다. (　　)

   회사 이름에 걸맞은 사원이 되겠습니다. (　　)

8. 사장님께 결제를 받아야 사업을 진행할 수 있어. (　　)

   사장님께 결재를 받아야 사업을 진행할 수 있어. (　　)

9. 첫 만남에서는 아무래도 겸연적어서 대화가 힘들어. (　　)

   첫 만남에서는 아무래도 겸연쩍어서 대화가 힘들어. (　　)

10. 신문에 계제된 글이 화제가 되었다. (　　)

    신문에 게재된 글이 화제가 되었다. (　　)

---

1. 거르고 2. 결판지게, 거방지게 3. 그것이, 거시기가 4. 걸리적거리기만, 거치적거리기만 5. 건더기는 6. 건드리면 7. 걸맞은 8. 결재를 9. 겸연쩍어서 10. 게재된

곤혹과
곤욕

    이 두 단어는 발음이 비슷하고 앞 글자도 같은 뜻을 가져서 자주 헷갈리는 말들입니다. 하지만 단어의 뜻은 다르기 때문에 정확하게 구별해 써야 하지요. '곤혹困惑'은 '곤란한 일을 당하여 어찌할 바를 모름'이라는 뜻을 지니고 있습니다. '곤욕困辱'은 '심한 모욕. 또는 참기 힘든 일'을 의미합니다. 뜻풀이를 참고하면 '곤혹'은 당황스러운 상황과 관련이 있고, '곤욕'은 모욕을 당하거나 인내를 해야 하는 상황과 관련이 있지요.

  ✦ 과장님이 갑자기 외국 사례가 담긴 보고서를 내일까지 작성하라고 해서 너무 곤혹스러워.

  ✦ 나는 지난주에 차장님이 다른 직원들 앞에서 나를 콕 집어 비난해서 곤욕스러웠어.

골리다와
곯리다

상대편을 놀려 약을 올리거나 골이 나게 할 때 쓰이는 말은 '골리다'입니다. 같은 발음의 '곯리다'라는 말이 있어 많은 사람이 혼동하지요. '곯리다'는 누군가를 놀릴 때 쓰는 말이 아닙니다. 이는 놀리는 정도를 넘어 상대에게 해를 줄 정도의 상황에 비유해 쓰이는 말입니다. '골리다'보다 '곯리다'가 더 깊은 상처를 주는 상황에 쓰이는 것이지요.

✦ 착한 형은 동생을 골리지 않아.

✦ 아울러 바른 자녀는 부모님 속을 곯리지 않지.

골병

앞에서 살펴보았듯이 '곯리다'가 '골리다'보다 해를 입히는 정도가 더 큽니다. 그래서 속으로 깊이 든 병을 말할 때 '곯병'이라고 써야 할 것 같습니다. 그런데 '곯병'은 사전에 나오지 않는 틀린 표기이지요. '골병'이라고 써야 맞습니다. '골병'이 '곯'이라는 어근과 '병'의 합성어인지 불분명하기 때문에 발음대로 써야 합니다.

✦ 속이 곯은 달걀을 먹어서인지 배탈이 나서 밤새 너무 힘들었어.

✦ 자취한다고 대충 먹으면 골병들기 십상이야. 잘 챙겨 먹어야 해.

곰곰이와
꼼꼼히

'곰곰이'는 '곰곰'이라는 부사에 '이'라는 부사 파생접사가 붙어 만들어진 말입니다. '여러모로 깊이 생각하는 모양'이라는 뜻을 갖고 있습니다. 발음이 [곰고미]로 나기 때문에 '히'가 들어가지 못합니다. '꼼꼼히'의 '꼼꼼'은 부사인데 '하다'가 붙을 수 있으며 소리도 [히]로 납니다. 부사 파생접사로 '이'가 아닌 '히'가 결합하는 것이지요. 의미는 '빈틈이 없이 차분하고 조심스럽게'입니다. '곰곰이'와 '꼼꼼히'가 헷갈리면 '하다'가 결합할 수 있는지 확인해 보세요.

✦ 올해 내 생활을 곰곰이 생각해 보니까 일과 삶의 조화가 잘 이루어지지 못했어. 여가 시간이 부족했더라고.

✦ 일보다 더 중요한 게 여유 있게 삶을 보내는 거야. 꼼꼼히 계획해서 일과 삶의 조화를 잘 이루어야 해.

곱빼기

    '짜장면 곱배기 주세요', '자장면 곱배기 주세요', '짜장면 곱빼기 주세요', '자장면 곱빼기 주세요' 중 무엇이 맞을까요? 세 번째, 네 번째 문장이 올바른 문장입니다. '자장면'과 '짜장면'은 모두 맞는 표기이지요. '음식에서, 두 그릇의 몫을 한 그릇에 담은 분량'이라는 의미를 지닌 말은 '곱빼기'입니다. '곱'에 '빼기'라는 접사가 붙은 말이지요. '빼기'는 '그런 특성이 있는 사람이나 물건'의 뜻을 더하는 접미사입니다. '동생이 생긴 뒤에 샘내느라고 밥을 많이 먹는 아이'를 뜻하는 '밥빼기', '몹시 악착스러운 사람을 낮잡아 이르는 말'인 '악착빼기'에도 '빼기'가 쓰입니다.

   ✦ 너는 짜장면을 얼마만큼 먹을 수 있어?
   ✦ 나는 곱빼기로 먹어야 배가 불러.

곱절과 갑절

　　'몇 곱절'과 '몇 갑절'은 어떤 차이가 있을까요? '곱절'은 '어떤 수나 양을 두 번 합한 만큼'이라는 뜻을 지니고 있습니다. 즉, '두 배'를 나타낼 때 씁니다. 이때는 '갑절'과 같은 의미이지요. '생산량이 곱절이나 늘었다'나 '생산량이 갑절이나 늘었다'는 모두 그 양이 두 배 늘었다는 뜻입니다. 그런데 '곱절'은 두 배 이상 늘었을 경우에도 씁니다. '일정한 수나 양이 그만큼 거듭됨을 이르는 말'이기도 하기 때문입니다. 그래서 '세 곱절', '열 곱절'도 가능합니다. '갑절'은 두 배를 나타낼 때만 쓴다는 사실을 기억해 두면 헷갈리지 않을 것입니다.

✦ 지난 방학보다 과제가 갑절로 늘어난 것 같아.

✦ 세 곱절로 늘지 않은 게 어디야. 과제부터 부지런히 해 놓고 신나게 놀아야지.

과녁

올림픽경기 때마다 온 국민을 두근거리게 만드는 종목이 있습니다. 주몽의 역사를 가진 우리나라답게 좋은 성적을 내곤 하는 종목, 바로 양궁입니다. 양궁은 중앙에 가깝게 쏠수록 높은 점수를 얻지요. 이때 날카로운 눈으로 겨누는 곳을 '과녁'이라고 합니다. 그런데 방향을 나타내는 말인 '녘'과 헷갈려 '과녘'이라고 잘못 쓰는 경우도 있습니다. '동녘', '북녘'이 익숙해 '과녘'이라고 쓰는 실수를 하지요. 활과 총을 쏠 때의 표적, 어떤 일의 목표물을 말할 때는 '과녁'이 올바른 표기입니다.

✦ 어제 양궁 선수가 쏜 화살이 과녁에 명중한 것 봤어?

✦ 응, 가슴이 벅차올랐어. 동녘 하늘에 해가 떠오르는 걸 보고 있으니 또 가슴이 벅차오른다.

괜스레

우리가 자주 잘못 쓰는 표현으로 '괜시리'라는 표현이 있습니다. '괜시리 눈시울이 뜨거워진다', '괜시리 화가 난다'처럼 잘못된 예를 일상생활에서 많이 접하지요. '까닭이나 실속이 없는 데가 있게'라는 뜻의 바른 표현은 '괜스레'입니다. 아마도 'ㅣ' 모음이 반복되는 '시리'라는 표현이 '스레'보다는 발음하기가 편해서 많이 쓰이는 듯합니다. 언젠가 '괜시리'가 더 많이 쓰이게 되면 표준어로 등재될 수도 있겠지만, 지금은 '괜스레'가 맞는 표현입니다.

✦ 낙엽을 보면 괜스레 눈물이 나. 가을을 타나 봐.

✦ 정말? 나는 낙엽 밟는 소리를 들으며 산책하면 기분이 좋던데.

구레나룻

      콧수염, 염소수염, 턱수염처럼 수염에도 여러 종류가 있지요? '귀밑에서 턱까지 잇따라 난 수염'의 바른 표기는 '구레나룻'입니다. '나룻'은 '성숙한 남자의 입 주변이나 턱 또는 뺨에 나는 털'의 순우리말입니다. '수염鬚髯'은 한자어이지요. '구렛나루'는 틀린 표현입니다. '나룻'이 들어가야 하지요. 또한 발음도 [구레나룯]이기에 '구레'와 '나룻' 사이에 사잇소리가 들어가지 않습니다. '나룻'이라는 표현을 알면 잘못 쓸 일이 줄어들겠지요?

✦ 나는 구레나룻을 깔끔하게 관리하는 사람이 좋아.

✦ 맞아. 수염은 잘 관리하지 않으면 지저분해 보여.

구시렁거리다

"엄마는 나만 미워해. 나한테만 공부하라고 하고 동생과 싸워도 나만 혼내고……." 엄마에게 혼나고 나서 이런 혼 잣말을 한 적 있나요? 이렇게 혼자 말하는 걸 '궁시렁거리다', '궁시렁대다'라고 표현하곤 합니다. '뭘 그렇게 궁시렁거리고 있 냐?'처럼 쓰지요. 그런데 '못마땅하여 군소리를 듣기 싫도록 자 꾸 하다'라는 뜻을 가진 말은 '구시렁거리다', '구시렁대다'입니 다. 당연히 '궁시렁궁시렁'이 아니라 '구시렁구시렁'이 맞는 표 현이겠지요?

✦ 구석에서 혼자 뭘 그렇게 구시렁거리고 있어?

✦ 동생이랑 같이 학원 안 가고 놀았는데 엄마가 나만 혼 냈어.

자주 헷갈리는
맞춤법
확인 문제

✦

앞에서 익힌 바른 표기를 잘 기억하고 있는지 확인해 볼까요?
맞는 표기에 동그라미를 해 보세요.

1. 계획한 대로 이루어지지 않아 곤혹스러워. (　)
   계획한 대로 이루어지지 않아 곤욕스러워. (　)

2. 장난이라고 그런 말로 친구를 골리면 안 돼. (　)
   장난이라고 그런 말로 친구를 곯리면 안 돼. (　)

3. 오래 앉아 있었더니 곯병 걸릴 것 같아. (　)
   오래 앉아 있었더니 골병 걸릴 것 같아. (　)

4. 곰곰이 생각해 봐도 잘 모르겠다. (　)
   곰곰히 생각해 봐도 잘 모르겠다. (　)

5. 짜장면은 곱빼기지. (   )

   짜장면은 곱배기지. (   )

6. 내가 너보다 세 갑절이나 일했어. (   )

   내가 너보다 세 곱절이나 일했어. (   )

7. 과녁을 잘 겨냥하고 던져. (   )

   과력을 잘 겨냥하고 던져. (   )

8. 그 사람 생각만 해도 괜스레 얼굴이 붉어져. (   )

   그 사람 생각만 해도 괜시리 얼굴이 붉어져. (   )

9. 구렛나루만 없애도 10년은 젊어 보일걸? (   )

   구레나룻만 없애도 10년은 젊어 보일걸? (   )

10. 궁시렁대지 말고 일이나 하자. (   )

    구시렁대지 말고 일이나 하자. (   )

---

1. 곤혹스러워 2. 골리면 3. 골병 4. 곰곰이 5. 곱빼기지 6. 곱절이나
7. 과녁을 8. 괜스레 9. 구레나룻만 10. 구시렁대지

구안와사와
구안괘사

한의 드라마에 자주 나오는 장면이 있습니다. 비뚤어진 입 주위에 침을 놓고 이를 바로잡는 장면입니다. '찬 곳에서 잠을 자면 입이 돌아간다'라고 표현하는 안면 마비 질병의 이름은 '구안괘사'입니다. '괘喎'가 입이 비뚤어지는 증상을 나타내는 한자이지요. 그런데 언중들은 '구안괘사'보다 '구안와사'를 더 많이 사용해 왔습니다. 한자 '괘'가 '와'로도 읽히기 때문입니다. 그래서 2014년에 '구안와사'도 표준어로 등재됐습니다.

✦ 찬 곳에서 자면 구안와사 온다. 따뜻한 곳에 가서 자.

✦ 네, 구안괘사 안 오게 따뜻한 방에서 자야겠어요.

굽신과
굽실

일상에서 종종 자존심도 내려놓은 채 강자의 비위를 맞추려 하는 사람들을 만나곤 합니다. 그런 사람들에게 '굽신거리다', '굽실거리다'라는 표현을 쓰지요. '고개나 허리를 가볍게 구푸렸다 펴는 모양', '남의 비위를 맞추느라고 비굴하게 행동하는 모양'을 나타내는 표현은 '굽실', '굽신' 모두 맞습니다. 기존 표준어는 '굽실'이었는데 2014년에 '굽신'이 새로 등재되어 복수 표준어가 되었지요. 따라서 '굽실거리다', '굽신거리다' 모두 맞는 표현입니다.

✦ 상사에게 굽실거리는 월급쟁이 생활이 힘들어. 굽신거리지 않는 생활을 하고 싶다.

✦ 나랑 같이 창업하는 건 어때?

귀때기

　　'귀'를 속되게 이르는 말은 무엇일까요? '귀때기'
와 '귓대기'를 혼동해서 쓰곤 하는데 맞는 표기는 '귀때기'입니
다. 매우 추운 날에 '바람이 너무 차서 귀때기가 얼어붙을 것 같
아'처럼 쓰지요. 사실 속된 말보다는 '귀'라고 쓰면 더 좋습니다.

✦ 칼바람이 불어서 귀때기가 떨어지려고 해. 귀마개를
　하고 나올걸.

✦ 나처럼 모자를 써 봐. 그리고 귀때기보다는 귀라고 해.
　속된 말은 사용하지 말자.

그러려면과
하려면

　　'좋은 성적을 받고 싶어. 그럴려면 자는 시간을 줄여야겠지?', '그러려면 수업 시간에 집중부터 해야지'는 자주 헷갈리는 표현이 쓰인 예시입니다. '그럴려면', '그러려면' 중 무엇이 맞는 표현일까요? '그리하다'의 준말은 '그러다'입니다. '그러'에 어미 '려면'이 결합하는 '그러려면'이 올바른 표현이지요. 같은 원리로 '하다'에 '려면'이 결합할 때 '할려면'은 틀리고, '하려면'이 맞겠지요?

✦ 맞춤법을 안 틀리고 싶어.

✦ 그러려면 이 책을 열심히 보면 돼.

그러므로와
그럼으로

　　'공부를 열심히 해야 해. 그러므로……'와 '공부를 열심히 해야 해. 그럼으로……'는 뒤에 각각 다른 내용이 오게 됩니다. 첫 번째 문장에 쓰인 '그러므로'는 앞 내용이 뒤 내용의 이유나 원인, 근거가 될 때 쓰는 접속부사입니다. '그러니까'로 바꿀 수 있지요. 뒤에 이어질 말은 '그러므로 나를 방해하지 마', '그러므로 아르바이트를 줄여야 해' 등이 올 수 있지요. 두 번째 문장의 '그럼으로'는 '그렇게 함으로써'가 줄어든 말입니다. '그렇게 하는 것'에 도구나 수단을 의미하는 조사 '으로'가 붙은 말이지요. '그럼으로 교양이 높은 인간이 될 수 있을 거야', '그럼으로 장학금을 받아야지' 같은 말이 어울립니다.

　　✦ 나는 내년에 유럽으로 여행을 갈 거야. 그러므로 지금부터 돈을 열심히 모아야 해.

　　✦ 그 목표를 꼭 이루길 바라. 그럼으로 성취감과 만족감이 높아질 거야.

그저께와 그끄저께

　　누리꾼들이 '사흘'이 의미하는 날수를 몰라 이 말이 인터넷 검색어의 상위 순위를 차지했다는 뉴스를 본 적이 있나요? 요즈음 많은 사람이 날짜를 세는 우리말을 잘 모릅니다. 오늘에서 '이틀 전의 날'을 의미하는 말은 '그저께'입니다. 줄여서 '그제'라고도 하지요. 그렇다면 '그저께'의 전날은 어떻게 쓸까요? '그저께'에 '그'를 붙여 '그그저께'라고 쓸 듯하지만 이때는 발음이 되는 그대로 '그끄저께'로 씁니다. 날짜를 세는 우리말을 많이 써서 이 말들이 사라지지 않았으면 좋겠습니다.

✦ 우리가 세탁소에 옷을 맡긴 날이 어저께인가, 그저께인가?

✦ 그끄저께일걸? 벌써 세탁 다 됐다고 연락 왔더라.

금세와
요새

'금세'와 '요새'는 입말로 많이 쓰는 표현이지요. 그런데 '세'와 '새'의 발음이 비슷해 표기가 헷갈립니다. '금세'는 '금새'와 헷갈리고 '요새'는 '요세'와 헷갈리지요. 이런 경우에는 본말을 다시 새겨 보면 좋습니다. '금세'는 '금시에'의 준말이고, '요새'는 '요사이'의 준말입니다. 본말을 보면 '금시에'에서 조사 '에'의 형태가 보이지요? 이것을 기억하면 '금세'가 맞는 말임을 확인할 수 있습니다. '요사이'에서 '사이'의 'ㅏ' 모음을 기억해 두세요. 'ㅏ'와 'ㅣ'가 합쳐진 말은 'ㅐ'이지요. '금시에', '요사이' 본말을 기억하면 헷갈리지 않아요.

✦ 게임하는 걸 좋아하는데 한 게임을 한 달만 해도 금세 질리고 말아.

✦ 요새 게임을 하는 것보다 게임을 만드는 게 유행이래. 네가 하고 싶은 게임을 만들어 보는 건 어때?

기다랗다

'기다랗다'는 '매우 길거나 생각보다 길다'라는 의미를 가진 말입니다. 많은 사람이 '길다랗다'로 잘못 쓰고 있습니다. '길다란 머리 모양', '길다랗게 자란 풀'은 모두 틀리게 쓰고 있는 말이지요. 올바른 활용형 표기는 '기다란', '기다랗게'입니다.

✦ 으악, 저기 기다란 건 뭐지? 뱀인가?

✦ 이건 그냥 기다란 노끈이야. 쓰레기통에 버려야겠다.

기에와
길래

2011년에 '짜장면'과 함께 등재된 표준어로 '길래'가 있습니다. 원인이나 근거를 나타내는 연결어미는 원래 '기에'로 써야 했습니다. '친구가 기다리고 있기에 일찍 퇴근을 했다', '어린 네가 감당하기에 너무 힘든 일이다'처럼 썼지요. 그런데 입말에서는 '길래'라고 많이 사용합니다. '옷이 너무 예쁘길래 충동구매를 했어', '배가 고프길래 친구를 기다리지 않고 밥을 먹어 버렸어'와 같은 표현들을 예로 들 수 있지요. '길래'는 표준어가 되었지만 '기에'의 입말 표현이기 때문에 공식 문서에서는 쓰지 않도록 주의하세요.

✦ 거래처에서 메일이 왔길래 답장을 보냈는데, 주의 사항을 읽지 않아 문제가 생겼어. 사유서를 어떻게 쓰지?

✦ "메일이 왔기에 바로 답장을 드렸으나, 꼼꼼히 확인하지 않고 신청서를 작성해 실수를 했습니다. 다음부터는 주의하겠습니다"라고 써야지.

까탈스럽다와
가탈스럽다

2017년 전까지 '까다롭다'만 표준어였다가 2017년에 '까탈스럽다'가 표준어로 등재됐습니다. '까탈스럽다'의 의미는 '성미나 취향 따위가 원만하지 않고 별스러워 맞춰 주기에 어려운 데가 있다'입니다. '가탈스럽다'도 같은 의미인데 '까탈스럽다'보다 어감이 약합니다. 좀 덜 까탈스럽다면 '가탈스럽다'로 쓰면 됩니다.

✦ 음식 주문을 너무 까탈스럽게 하지 말자.

✦ 내 입맛에 맞게 주문하고 싶은데……. 조금 가탈스러운 거지 까탈스러운 정도까지는 아니야.

자주 헷갈리는
맞춤법
확인 문제

✦ 10

앞에서 익힌 바른 표기를 잘 기억하고 있는지 확인해 볼까요?

맞는 표기에 동그라미를 해 보세요.

1. 찬 곳에서 자면 구안와사 와. (   )

   찬 곳에서 자면 구안괘사 와. (   )

2. 요즘 소문이 빨라서 손님들에게 굽신거리게 돼. (   )

   요즘 소문이 빨라서 손님들에게 굽실거리게 돼. (   )

3. 세찬 바람이 귓대기를 때리고 있다. (   )

   세찬 바람이 귀때기를 때리고 있다. (   )

4. 앞으로 일을 할려면 계획부터 세워. (   )

   앞으로 일을 하려면 계획부터 세워. (   )

5. 그동안 과소비를 했어. 그러므로 앞으로는 절약해야 돼. ( )

   그동안 과소비를 했어. 그럼으로 앞으로는 절약해야 돼. ( )

6. 그그저께 부장님이 사흘 후에 회식을 하자고 하셨지. 그럼 오늘
   인가? ( )

   그끄저께 부장님이 사흘 후에 회식을 하자고 하셨지. 그럼 오늘
   인가? ( )

7. 가을이 금새 지나갔다. ( )

   가을이 금세 지나갔다. ( )

8. 손톱이 너무 길다랗지 않니? ( )

   손톱이 너무 기다랗지 않니? ( )

9. 나를 매일 보길래 좋아하는 줄 알았지. ( )

   나를 매일 보기에 좋아하는 줄 알았지. ( )

10. 그렇게 까탈스럽게 굴면 진상이 되는 거야. ( )

    그렇게 가탈스럽게 굴면 진상이 되는 거야. ( )

---

1. 구안와사/구안괘사 2. 굽신거리게/굽실거리게 3. 귀때기 4. 하려면 5. 그러므로
6. 그끄저께 7. 금세 8. 기다랗지 9. 보길래/보기에 10. 까탈스럽게/가탈스럽게

깍두기

우리가 반찬으로 자주 먹는 깍두기는 '무를 작고 네모나게 썰어서 소금에 절인 후 고춧가루 따위의 양념과 함께 버무려 만든 김치'입니다. 그런데 일상생활에서 깍두기의 잘못된 표현을 자주 접합니다. '깎두기', '깍뚜기', '깍뚝이'처럼 말이지요. 아마도 '깎다'와 혼동하거나 발음대로 쓰느라, 그리고 원형을 고려하느라 잘못 표기하는 것이겠지요. 깍두기는 '조금 단단한 물건을 단칼에 뚝 써는 모양'인 의태어 '깍둑'에 접사 '이'가 결합된 말입니다. '깍둑썰기'에서도 그 형태를 찾을 수 있지요. '둑'의 'ㄱ'이 접사 '이'에 이어져 '기'로 굳어진 말이므로 '깍두기'로 맞게 쓰세요.

✦ 사장님, 깍두기가 아주 맛있네요. 조금만 더 주실 수 있나요?

✦ 네, 지금 가져다드릴게요.

깔짝거리다

　　생각이 많거나 입맛이 없을 때 젓가락을 들고 밥과 반찬을 자꾸 건들기만 하고 먹지 않을 때가 있지요? 이럴 때 '깔짝거리다'라는 표현을 씁니다. 정확한 뜻은 '작은 물건이나 일을 가지고 자꾸 만지작거리기만 하고 좀처럼 진전을 이루지 못하다'입니다. '음식을 깔짝거리기만 하고 먹지는 않는다', '술 한 잔만 두고서 안주만 깔짝거리고 있다'처럼 쓰지요. 이를 순하게 표현하려고 '갈짝거리다'로 쓰기도 합니다. 그런데 '갈짝거리다'는 잘못된 표기입니다. '갈짝'은 경남 방언으로 '서쪽'을 의미합니다. 전혀 다른 의미이지요. 틀린 표기를 사용하면 혼란스러울 뿐이니 '깔짝거리다'로 바르게 씁시다.

✦ 무슨 생각을 하길래 치킨을 앞에 두고서 깔짝거리기만 하는 거야?

✦ 집에 큰일이 생겨서 어떻게 해야 하나 생각 중이었어. 머리가 복잡해서인지 입맛이 없네.

깡충깡충

       토끼는 '깡총깡총' 뛸까요, '깡충깡충' 뛸까요? 아니면 둘 다 맞을까요? 비슷한 발음으로 소리를 낸다는 모음조화 원칙을 생각하면 '깡총깡총'이 맞아 보입니다. 그런데 표준어는 사람들이 두루 쓰는 말로 등재됩니다. 둘 중 두루 쓰는 표현은 '깡충깡충'입니다. 모음조화가 파괴된 표현이 맞는 표기가 된 것이지요. '아름다와'가 아니라 '아름다워'가 표준 표기인 것과 마찬가지입니다. '깡충'은 '강중'의 센말이기도 합니다. 뜻은 '짧은 다리를 모으고 힘 있게 솟구쳐 뛰는 모양'이지요. '긴 다리로 솟구쳐 뛰는 모양'을 나타내는 말은 '경중'이고, 이 말의 센말이 '껑충'입니다.

✦ 내가 높이 뛰면 깡충일까, 껑충일까?

✦ 다리가 짧으면 깡충이고 다리가 길면 껑충이니까 너는 음…… 우리 우정을 위해 뒷말은 생략할게.

깨트리다와
깨뜨리다

접시를 쨍그랑 '깨트린' 것이 맞을까요? '깨뜨린' 것이 맞을까요? 둘 다 맞습니다. '깨다'를 강조하여 이르는 말로 두 표현이 모두 두루 쓰이기에 둘 다 표준어로 삼고 있지요. 비슷한 예로 '망가뜨리다', '망가트리다'가 있습니다.

✦ 장난감 머리를 깨트리면 어떡해. 이렇게 자꾸 장난감을 깨뜨리면 앞으로 장난감 안 사 줄 거야.

✦ 일부러 망가뜨린 건 아니에요. 장난감을 망가트려서 저도 슬퍼요.

꺼림직하다와 꺼림칙하다, 께름직하다와 께름칙하다

'꺼림직하다', '꺼림칙하다', '께름직하다', '께름칙하다'는 그 표현이 워낙 다양해서 무엇이 맞는지 헷갈립니다. 이 표현들은 모두 맞는 표현입니다. '어쩐지 그 친구와 친해지기가 꺼림직하다', '학생 신분으로 혼자 해외로 여행을 가기 께름칙했지만'처럼 사용하지요. 네 표현 모두 '마음에 걸려서 언짢고 싫은 느낌이 있다'라는 뜻을 갖고 있습니다. 기억해 둘 점은 '꺼'에는 '림'이, '께'에는 '름'이 붙는다는 사실! 헷갈리지 마세요.

✦ 이 주먹밥은 산 지 이틀이나 지나서 먹기 꺼림직하다.

✦ 께름직하면 먹지 마. 괜히 먹었다가 탈 날 수도 있어.

꺾다와
꺽다리

　　발음이 비슷해서 헷갈리는 표현 중에 '꺾다'와 '꺽다리'가 있습니다. 받침의 쌍기역과 기역은 같은 소리로 발음되지요. '길고 탄력이 있거나 단단한 물체를 구부려 다시 펴지지 않게 하거나 아주 끊어지게 하다'라는 의미를 지닌 말은 '꺾다'입니다. '꺽다리'는 '키가 큰 사람을 놀림조로 이르는 말'입니다. 뜻풀이를 보니 평소에 사용해서는 안 되는 말이기도 하네요. 혹시나 쓰더라도 '꺾다리'로 쓰지 말아야 합니다.

✦ 동네에 유일한 꺽다리가 자꾸 우리 집 담장의 장미를 꺾어 가는데 뭐라고 해야 할까?

✦ 꽃은 꺾지 말고 두고 보는 게 더 아름답다고 말해 주자.

꽹과리

　　풍물놀이는 농촌에서 마을 축제가 있을 때 사람들의 흥을 돋우는 대표적인 놀이지요. 풍물놀이에 빠질 수 없는 악기가 꽹과리입니다. 꽹과리는 놋쇠로 만들어 채로 쳐서 소리를 내는 타악기입니다. 징이나 북이 큰 박자를 이끌어 가면 이에 잘게 박자를 이어 가며 발랄한 분위기를 이끄는 악기지요. '꽹'이라는 표기를 흔히 볼 수 없어서 '꼉'으로 잘못 쓰기도 합니다. 맞는 표기는 '꽹과리'입니다. 우리의 소중한 전통악기가 잘 전승됐으면 좋겠습니다.

✦ 꽹과리 소리가 정말 흥겹다.

✦ 징, 북, 장구 소리도 잘 어우러지네.

꾀다와
꼬시다

2014년 이전에는 '달콤한 말로 꼬셔도 넘어가면 안 돼'라고 하면 틀린 표기였습니다. '꼬시다'는 2014년에 표준어로 등재됐기 때문이지요. 표준어로 등재됐다고 해서 마구 써도 된다는 뜻은 아닙니다. '꼬시다'는 '꾀다'를 속되게 이르는 말입니다. '꾀다'는 '그럴듯한 말이나 행동으로 남을 속이거나 부추겨서 자기 생각대로 끌다'라는 뜻을 지니고 있지요. 속된 말은 문서에 쓰기에 부적절합니다. 속된 말 대신 '꾀다'를 쓰면 더 좋습니다.

✦ 과제를 하는데 친구가 치맥 먹자고 꼬시면 참기가 어려워.

✦ 맞아. 치맥으로 꾀면 흔들리게 되지.

꿰매다

발음을 잘못해서 표기를 틀리는 경우가 있습니다. '꼬매다'가 대표적입니다. '옷을 꼬매다', '수술 부위를 꼬매다'처럼 잘못 쓰지요. 맞는 표기는 무엇일까요? '옷 따위의 해지거나 뚫어진 데를 바늘로 깁거나 얽어매다'를 나타내는 말은 '꿰매다'입니다. '옷을 꿰매다', '수술 부위를 꿰매다'라고 써야 하지요. '꼬매다'는 '꿰매다'의 방언입니다. 가끔 '기우다'라고 표현하기도 하는데 '기우다'도 '깁다'의 방언입니다. '깁다'는 '떨어지거나 해어진 곳에 다른 조각을 대거나 또는 그대로 꿰매다'라는 뜻이지요. '꼬매다', '기우다' 대신 '꿰매다', '깁다'라고 쓰세요.

✦ 이불을 오래 썼더니 해졌네. 꿰매야겠어.

✦ 엄마, 그냥 이참에 새 이불을 사면 안 돼?

끄적거리다와
깨작거리다

　　무료한 시간에 공책에 무언가를 끄적거린 적 있나요? '끄적거리다'는 2011년에 표준어로 등재됐습니다. 글씨나 그림을 아무렇게나 쓰거나 그릴 때 쓰는 말입니다. 비슷한 말로 '끼적거리다'가 있지요. 크기가 작을 때는 '깨작거리다'라고 표현할 수도 있습니다. 종종 '께작거리다'라고 쓰는 사람이 있는데 이는 틀린 표기입니다. '깨작거리다'는 '글씨나 그림 따위를 아무렇게나 잘게 자꾸 쓰거나 그리다'라는 뜻입니다. 다른 의미도 지니고 있습니다. '조금 달갑지 않은 음식을 자꾸 억지로 굼뜨게 먹다'이지요. 이 경우의 '깨작거리다'는 '깨지락거리다'의 준말로, 낙서를 할 때 쓰는 '깨작거리다'와는 다른 말입니다.

✦ 이 수업은 아무리 낙서를 끄적거려도 시간이 안 가.

✦ 나는 이 수업이 재미있는데. 그런데 입맛이 없어서 자꾸 밥을 깨작거리면서 먹게 돼.

자주 헷갈리는
맞춤법
확인 문제

✦

앞에서 익힌 바른 표기를 잘 기억하고 있는지 확인해 볼까요?
맞는 표기에 동그라미를 해 보세요.

1. 한국의 놀이 문화에 깍두기 문화가 있었어. ( )
   한국의 놀이 문화에 깍뚜기 문화가 있었어. ( )

2. 잔만 갈짝거리지 말고 마셔. ( )
   잔만 깔짝거리지 말고 마셔. ( )

3. 아이가 깡충깡충 뛰는 모습이 귀여워. ( )
   아이가 깡총깡총 뛰는 모습이 귀여워. ( )

4. 접시를 깨뜨리면 불길한데. ( )
   접시를 깨트리면 불길한데. ( )

5. 제한 시간 안에 못 내서 께림직해. ( )

   제한 시간 안에 못 내서 께름직해. ( )

6. 야광봉을 꺽어야 빛이 나. ( )

   야광봉을 꺾어야 빛이 나. ( )

7. 사물놀이에서 빠질 수 없는 게 꾕과리지. ( )

   사물놀이에서 빠질 수 없는 게 꽹과리지. ( )

8. 야생 멧돼지는 먹이로 꾀어서 덫으로 유인해야지. ( )

   야생 멧돼지는 먹이로 꼬셔서 덫으로 유인해야지. ( )

9. 찢어진 이마를 10바늘 꿰맸다. ( )

   찢어진 이마를 10바늘 꼬맸다. ( )

10. 뭘 그렇게 끄적거리고 있는데? ( )

    뭘 그렇게 께작거리고 있는데? ( )

---

1. 깍두기 2. 깔짝거리지 3. 깡충깡충 4. 깨뜨리면/깨트리면 5. 께름직해
6. 꺾어야 7. 꽹과리지 8. 꾀어서/꼬셔서 9. 꿰맸다 10. 끄적거리고

(날름)

'조카가 이모 손에 있는 선물을 낼름 가져갔다', '조카가 이모 손에 있는 선물을 날름 가져갔다' 중에서 어떤 말이 맞을까요? '무엇을 날쌔게 받아 가지는 모양'을 뜻하는 말의 바른 표기는 '날름'입니다. 그런데 이를 '낼름'이라고 잘못 발음하고 잘못 쓰지요. '혀, 손 따위를 재빠르게 내밀었다 들이는 모양'을 나타낼 때도 '낼름'이 아니라 '날름'입니다. '날름'의 다른 표기로 '널름', '늘름'이 쓰이기도 합니다. 앞으로는 '낼름'이 아니고 '날름', '널름', '늘름'이라고 써 주세요.

✦ 용돈을 날름 받아만 가지 말고 '고맙습니다'라고 인사해야지.

✦ 네, 앞으로는 널름 가져가지 않고 감사 인사를 하겠습니다.

남존여비와
남녀

    '남존여비'는 현대사회에서 더 이상 허용되지 않는 말이지요. 이 말은 '사회적 지위나 권리에서 남자를 여자보다 우대하고 존중하는 일'을 뜻합니다. 그런데 그 발음이 [남존녀비]이기에 두음법칙이 일어나지 않은 형태인 '남존녀비'로 잘못 쓰기도 합니다. 그러나 합성어에서 뒷말에 'ㄴ' 소리가 나더라도 두음법칙에 따라 적어야 합니다. 단, '남존여비'의 '여'는 두음법칙이 적용되지만 '남녀'는 '남여'라고 쓰면 안 됩니다. '남존여비'는 '남존'과 '여비'가 만나서 이루어진 합성어입니다. '여비'에서 '여'가 말의 첫머리니까 두음법칙이 적용된 것이지요. 반면에 '남녀'는 '남'과 '여'가 결합한 말이지만, 두음법칙이 일어난 후에 결합한 말은 아닙니다. '남녀'라는 한 단어로 쓰기 때문에 그대로 '남녀'라고 써야 합니다.

✦ 남존여비 시대여서 빛을 못 본 인재도 있겠지?

✦ 그렇지. 남존여비 사상이 사라져서 다행이야.

낳다와
낫다

'낳다'와 '낫다'는 인터넷에서 틀린 표기로 화제가 된 말들입니다. 감기에 걸린 친구에게 '빨리 낳아야 되는데'라는 틀린 표현을 써서 화제가 되었지요. 댓글에 '무엇을 낳느냐?', '내과가 아니라 산부인과에 가야 하는 것 아니냐?'와 같은 반응들이 이어졌습니다. '낳아야'는 발음할 때 'ㅎ'이 탈락되어 [나아야]로 발음됩니다. '낫다'의 활용형 '나아야'와 같은 발음이기에 이 같은 오류 표기가 종종 나타나지요. 절대 헷갈려서는 안 되는 표기, '낳다'와 '낫다'를 잘 구별하세요.

✦ 지난달에 우리 언니가 아기를 낳았어.

✦ 와, 정말 축하해. 나는 장염을 앓아서 약을 먹고 겨우 나았어.

너머와
넘어

〈산 너머 남쪽에는〉이라는 시를 아시나요? '너머'와 '넘어'는 자주 헷갈리는 말입니다. 두 말의 발음이 모두 [너머]여서 헷갈리는 사람이 많지요. 그러나 두 표현은 의미와 용법이 다릅니다. '너머'는 '높이나 경계로 가로막은 사물의 저쪽. 또는 그 공간'이라는 의미를 지닌 말입니다. '산 너머', '담 너머', '고개 너머'처럼 쓸 수 있지요. '넘어'는 '높은 부분의 위를 지나가다', '경계를 건너 지나다'를 의미하는 '넘다'에 어미 '어'가 결합한 말입니다. '넘다'라는 행위를 나타내는 표현의 활용형이지요. 따라서 '넘어'에는 행위가 포함됩니다.

✦ 산 너머 남쪽에는 누가 살까?

✦ 산을 넘어 보면 눈으로 직접 확인할 수 있을 거야.

넉넉지

　　'형편이 넉넉지 않아서 유학을 가기 힘들어'에 쓰인 '넉넉지'는 '넉넉하지'의 준말입니다. '하지'가 줄어들 때 'ㅎ'이 남기도 하고, '하'가 통째로 탈락하기도 합니다. 대개 '하' 앞에 모음이나 'ㄴ, ㅁ'과 같은 울림소리가 오면 'ㅎ'이 남습니다. 그 외의 경우에는 '하'가 통째로 탈락해 '지'만 남지요. '넉넉'의 'ㄱ' 소리는 울림소리가 아니기에 '지'만 남아 '넉넉지'가 맞는 표현입니다. 마찬가지로 '심심하지'를 줄이면 '심심치'가 됩니다. 'ㅁ'이 울림소리이기 때문에 'ㅎ'이 남지요.

✦ 이 운동화, 너한테 잘 어울릴 것 같아.

✦ 와, 예쁘다. 난 이번 달 용돈이 넉넉지 않아서 못 사.

넌지시

'이직 의사가 있는지 과장님이 넌지시 떠보더라', '이직 의사가 있는지 과장님이 넌즈시 떠보더라'처럼 '넌지시'와 '넌즈시'를 헷갈려 잘못 쓰는 경우가 많습니다. 아마도 '넌지시'의 옛말 형태가 '넌즈시'이기 때문일 듯도 합니다. 현대 말에서 '드러나지 않게 가만히'를 뜻하는 말의 바른 형태는 '넌지시'입니다. 줄여서 '넌짓'이라고도 하지요.

✦ 앞으로는 넌지시 떠보지 말고 솔직하게 물어봐.

✦ 그래. 나는 예의를 차리느라고 넌지시 물었던 건데, 미안해.

널따랗다

'넓다란 마당', '널따란 마당' 중 어떤 표현이 맞을까요? 어근이 되는 말은 '넓다'가 분명하니 '넓다란'이 맞는 표기로 보입니다. 그런데 겹받침 중에 앞의 소리만 나고 뒤의 소리가 탈락하면 소리 나는 대로 쓰라는 한글 맞춤법 규정이 있습니다. 따라서 소리대로 쓰는 '널따란'이 맞지요. 이와 비슷한 예로 '얄따랗다'가 있습니다. '널찍하다'와 '넓직하다'도 많이 혼동하는데 이때도 발음을 생각하면 표준어를 구분하기 쉽습니다. '넓'이 '넙'이 아니라 '널'로 발음되지요? 그러니 소리대로 '널찍하다'로 써야 합니다.

✦ 널따란 잔디밭에서 뛰어놀았더니 배고프다.

✦ 나도. 우리 김밥 먹으러 갈래?

넓적하다와
넙적하다

'넓적한 마루에 사람들이 모여 있다', '넙적한 마루에 사람들이 모여 있다' 중 어떤 표현이 맞을까요? 두 단어 모두 사전에 실려 있습니다. '넓적하다'는 '편편하고 얇으면서 꽤 넓다'라는 의미를 지닙니다. '넙적하다'는 부사 '넙적'에 접사 '하다'가 결합한 표현입니다. 뜻은 '말대답을 하거나 무엇을 받아먹을 때 입을 닁큼 벌렸다가 닫다', '몸을 바닥에 바짝 대고 닁큼 엎드리다', ' 망설이거나 서슴지 않고 선뜻 행동하다'입니다. 따라서 마루는 '넓적하다'고 표현해야 맞습니다.

✦ 우리 회장님은 얼굴이 넓적하셔서 멀리서 보아도 구별할 수 있어.

✦ 나는 회장님만 보면 넙적하게 돼. 사회생활이 몸에 배었나 봐.

넝쿨과
덩굴

　　담쟁이, 나팔꽃, 오이 같은 식물은 줄기가 길쭉해
곧게 서지 않고 다른 물건을 감거나 거기에 붙어서 자라는 식물
입니다. 이들은 모두 넝쿨을 가지고 있지요. '넝쿨'의 다른 표현
은 '덩굴'입니다. '넝쿨'과 '덩굴'은 '길게 뻗어 나가면서 다른 물
건을 감기도 하고 땅바닥에 퍼지기도 하는 식물의 줄기'를 말합
니다. '넝쿨'과 '덩굴'을 합쳐 '덩쿨'이라고 잘못 쓰지 않도록 주
의하세요.

✦ 담쟁이덩굴이 돌담을 따라 자라니까 골목길이 멋있어
　보인다.
✦ 맞아. 자연과 어우러진 느낌이야.

년도와
연도

'너는 몇 년도에 태어났어?', '너는 몇 연도에 태어났어?' 중에서 어떤 것이 맞는지 헷갈립니다. '년도^{年度}'는 의존 명사로 해를 뜻하는 말 뒤에 쓰여 '일정한 기간 단위로서의 그 해'를 의미합니다. 그래서 '2002년도 출생자'와 같이 쓰지요. 이러한 '년도'가 명사로서 단어의 첫머리에 올 적에는 두음법칙에 따라 '연도'로 적습니다. '그 영화가 제작된 연도를 모르겠어'와 같이요. 그래서 '몇 年度'에서 띄어쓰기가 있으니 역시 두음법칙을 적용해 '연도'로 써야 할 것 같습니다. 그런데 이때의 '年度'는 명사가 아닌 의존명사로 쓰였기에 두음법칙이 적용되지 않습니다. 따라서 '몇 년도'라고 쓰는 것이 맞습니다.

✦ 이 장난감의 제작 연도가 궁금한데? 몇 년도에 만들어졌지?

✦ 보니까 1990년도에 만들어진 거네. 골동품이다.

✦ 10

✦

앞에서 익힌 바른 표기를 잘 기억하고 있는지 확인해 볼까요?
맞는 표기에 동그라미를 해 보세요.

1. 그녀는 맛있는 것만 보면 혀를 낼름 내민다. ( )
   그녀는 맛있는 것만 보면 혀를 날름 내민다. ( )

2. 요즘 세상에 남존여비라고 하는 사람이 있다고? ( )
   요즘 세상에 남존녀비라고 하는 사람이 있다고? ( )

3. 아이를 나아야 저출생 문제가 해결됩니다. ( )
   아이를 낳아야 저출생 문제가 해결됩니다. ( )

4. 빌딩 숲 너머 높이 솟은 산이 보인다. ( )
   빌딩 숲 넘어 높이 솟은 산이 보인다. ( )

5. 넉넉치 않은 살림에도 유학을 보내 주셨다. ( )

   넉넉지 않은 살림에도 유학을 보내 주셨다. ( )

6. 애인이 있는지 넌지시 떠보는 건 불쾌해. ( )

   애인이 있는지 넌즈시 떠보는 건 불쾌해. ( )

7. 저렇게 넓다란 공터를 주차장으로 쓰면 좋을 텐데. ( )

   저렇게 널따란 공터를 주차장으로 쓰면 좋을 텐데. ( )

8. 넓적한 들판에 바람이 분다. ( )

   넙적한 들판에 바람이 분다. ( )

9. 넝쿨째 굴러온 호박. ( )

   덩쿨째 굴러온 호박. ( )

10. 그 프로젝트 회계년도가 작년이었나? ( )

    그 프로젝트 회계연도가 작년이었나? ( )

---

1. 날름 2. 남존여비라고 3. 낳아야 4. 너머 5. 넉넉지 6. 넌지시
7. 널따란 8. 넓적한 9. 넝쿨째 10. 회계연도가

노랗네와
노라네

　　'벼가 익어 들판이 노랗네'와 같은 표현은 2016년 이전에는 표준 표기가 아니었습니다. 원래는 '노라네'처럼 'ㅎ'이 탈락된 활용형만이 맞는 표기였습니다. 그런데 많은 사람이 '노랗네[노란네]'라고 쓰고 발음해 2016년에 '노랗네'가 사전에 표준어로 등재됐습니다. 많은 사람이 쓰면 표준어로 인정된다는 원칙이 적용된 것이지요.

✦　노란 들국화로 덮인 산등성이가 무척 노랗네.

✦　정말 절경이다.

높이다

피동이나 사동을 나타내는 접사 중에서 '이'와 '히'를 잘못 쓰는 경우가 많습니다. 특히 앞말이 'ㅎ' 소리가 포함된 'ㅍ'으로 끝난 경우, 발음이 '이'인지 '히'인지 헷갈려서 오류를 범하게 되지요. '점수를 높혀'와 같은 예가 그렇습니다. '높다'에 결합하는 사동 접사는 '이'입니다. '높혀'는 잘못된 표기이지요. '높여'라고 써야 합니다. 마찬가지로 '덮다'의 피동 접사는 '이'입니다. '눈에 덮힌 세상'이 아니라 '눈에 덮인 세상'으로 써야 하지요. '이'와 '히'를 잘 구별해서 쓰세요.

✦ 발을 들어 한껏 키를 높이면 너와 눈을 맞출 수 있어.
✦ 그때 내 눈은 눈꺼풀에 덮여 있을걸.

눈살

누군가의 무례한 행동에 찌푸리는 것이 '눈살'일까요? '눈쌀'일까요? 발음이 [눈쌀]이기에 흔히 '눈쌀'로 쓰는 오류를 범합니다. '두 눈썹 사이에 잡히는 주름'을 의미하는 말의 바른 표기는 '눈살'입니다. 발음 때문에 헷갈리지 마세요.

✦ 어제 지하철에서 고등학생이 할아버지한테 욕을 하더라고. 눈살이 찌푸려졌어.

✦ 정말 버릇없는 아이네.

느지막하다

　　주말이면 느지막하게 아침을 먹곤 합니다. '느지막하다'와 '느즈막하다'는 많은 사람이 발음과 표기를 헷갈려 합니다. '시간이나 기한이 매우 늦다'라는 뜻을 지닌 말의 바른 표기는 '느지막하다'입니다. 발음도 [느지막]이라고 해야 맞지요. '느즈막하다'는 경북 방언입니다.

✦　약속에 느지막하게 나타나는 건 예의가 아니지.

✦　앞으로는 늦지 않을게. 늦어서 정말 미안해.

늘그막

'늘그막'은 '늙어 가는 무렵'이라는 뜻을 가진 말입니다. 종종 어근을 밝혀 '늙으막'으로 잘못 적곤 하지요. 하지만 어간에 '이'나 '음' 이외의 모음으로 시작된 접미사가 붙어 다른 품사로 바뀐 말은 그 어간의 원형을 밝혀 적지 않는다는 한글 맞춤법 규정이 있습니다. '늙'에 '으막'이라는 접사가 붙어서 명사가 되었기 때문에 '늘그막'과 같이 원형을 밝혀 적지 않아야 합니다.

✦ 늘그막에 늦둥이를 얻어서 하루하루가 새롭고 생기 넘쳐요.

✦ 힘든 하루를 버틸 수 있는 힘이 나겠어요.

늙수그레하다

앞에서 발음을 잘못해 표기를 틀리는 예를 많이 살펴봤습니다. '늙수구레하다'도 마찬가지입니다. 바른 표기는 '늙수그레하다'이지요. 이 말은 '꽤 늙어 보이다'라는 뜻입니다. '수그레하다'는 '조금 굵은 여러 개의 물건이 크기가 거의 고르다'라는 뜻을 지닌 '숙수그레하다'에서도 볼 수 있습니다.

✦ 대학생 때 참 멋졌던 선배를 30년이 지나 만났는데 늙수그레한 중년이 되었더라.

✦ 세월은 막을 수 없잖아. 건강하고 멋진 모습은 추억 속에라도 남겨 둬야지.

닝큼

    '머뭇거리지 않고 단번에 빨리'라는 의미를 지닌 '닁큼'은 [닝큼]으로 발음이 되어 '닝큼'으로 잘못 쓰기도 합니다. '이리 닁큼 뛰어오지 못하겠느냐?'인데 '이리 닝큼 뛰어오지 못하겠느냐?'로 쓰는 것이지요. 자음을 첫소리로 가지고 있는 'ㅢ'는 'ㅣ'로 소리 나도 'ㅢ'로 적어야 합니다. 한편, 비슷한 의미의 '냉큼'이라는 말도 있습니다. 이 말은 '머뭇거리지 않고 가볍게 빨리'라는 의미를 지닙니다.

✦ 밖이 추우니 집에 닁큼 들어가자.

✦ 어서 들어가 있어. 나는 야식을 사러 편의점에 냉큼 다녀올게.

다달이

'달마다'를 나타내는 말은 '달달이'와 '다달이' 중 무엇이 맞을까요? '달'과 '달'이 연속으로 오고 여기에 접사 '이'가 결합한 말이기에 '달달이'가 맞다고 생각하는 사람들이 많습니다. 하지만 이는 원형을 고려하느라 잘못 쓴 표기입니다. '달'과 '달'이 결합할 때 앞의 '달'에서 'ㄹ'이 탈락합니다. 한글 맞춤법 규정에 끝소리가 'ㄹ'인 말과 딴말이 어울릴 적에 'ㄹ' 소리가 나지 않는 것은 소리 나지 않는 대로 적는다는 규정이 있습니다. 이 규정에 따라 '다달이'가 맞는 표기이지요. 마찬가지로 '나날이'도 'ㄹ'이 탈락된 표기가 맞습니다. '달마다'를 나타낼 수 있는 말에는 '다달이', '매달', '매월'이 있으니 그때그때 적당한 말을 골라 쓰세요.

✦ 몸이 안 좋아서 근무 일수를 줄이고 연봉을 조정하기로 했어. 잘 생활할 수 있을지 걱정이야.

✦ 다달이 나가는 고정 지출 비용을 줄이는 건 어때?

다디달다

'달다'를 두 번 반복해 '매우 달다'를 의미하는 말은 '다디달다'입니다. '달다'가 반복되기에 '달디달다'로 써야 할 것 같지만, '다달이'와 마찬가지로 'ㄹ'이 탈락되기 때문에 '다디달다'로 써야 하지요. 참고로 '달디달다'는 전남 방언입니다.

✦ 설탕에 버무린 다디단 음식을 좋아하지만 건강에는 안 좋아서 앞으로 줄여야겠어.

✦ 나도 건강한 식습관으로 바꿀 거야. 우선 다디달고 양념이 강한 음식은 피해야겠어.

(닦달하다)

열심히 노력하는데 원하는 결과가 나오지 않을 때, 부모님께서 잔소리하면 속상한 마음에 외치게 되지요. "나도 열심히 하고 있으니까 닦달하지 마." 이처럼 남을 윽박지르는 상황에서 '닦달하다'라는 표현을 사용합니다. 이 말은 '남을 단단히 윽박질러서 혼을 내다'라는 의미를 갖고 있지요. 그런데 많은 사람이 '닥달하다'로 잘못 쓰기도 합니다. '닦'이라는 글자가 낯설어 '닥'으로 쓰는 경우가 있는데 이는 바른 표기가 아닙니다. '닦아세우다', '닦아대다'에서도 '닦'을 확인할 수 있지요.

✦ 취업하려고 나도 최선을 다하고 있는데 부모님이 자꾸 닦달해서 너무 괴로워.

✦ 정말 속상하겠다. 너도 노력하고 있으니 그렇게 닦아세우지 마시고, 믿고 기다려 주시면 좋겠다.

자주 헷갈리는
맞춤법
확인 문제

✦

앞에서 익힌 바른 표기를 잘 기억하고 있는지 확인해 볼까요?
맞는 표기에 동그라미를 해 보세요.

1. 벼가 익어서 들판이 노라네. (　)
   벼가 익어서 들판이 노랗네. (　)

2. 뒤꿈치를 들어 키를 높혔다. (　)
   뒤꿈치를 들어 키를 높였다. (　)

3. 미운 말을 해서 눈쌀을 찌푸리게 해. (　)
   미운 말을 해서 눈살을 찌푸리게 해. (　)

4. 해가 저물고 느즈막하게 일어났다. (　)
   해가 저물고 느지막하게 일어났다. (　)

5. 늘그막에 고향으로 돌아가고 싶어. ( )

   늙으막에 고향으로 돌아가고 싶어. ( )

6. 우리도 이제 늙수구레한 나이지. ( )

   우리도 이제 늙수그레한 나이지. ( )

7. 과제가 있을 때는 닝큼 해 버려야 해. ( )

   과제가 있을 때는 닁큼 해 버려야 해. ( )

8. 달달이 나오는 세금 때문에 머리가 아파. ( )

   다달이 나오는 세금 때문에 머리가 아파. ( )

9. 커피는 달디달게 마시면 좋지 않아. ( )

   커피는 다디달게 마시면 좋지 않아. ( )

10. 부모님이 닥달하셔서 중매에 응했다. ( )

    부모님이 닦달하셔서 중매에 응했다. ( )

단단히

접사 '이'와 '히'가 들어가는 말을 쓸 때 잠시 멈칫거리게 되지요? '이'와 '히' 중 무엇이 맞는지 표기도 발음도 헷갈리기만 합니다. '단단히'도 그러한 경우이지요. 헷갈릴 때에는 '하다'를 붙여 보세요. '하다'가 붙을 수 있는 말이면서 받침이 'ㅅ'이 아닌 경우에는 보통 '히'가 붙습니다. '단단'에 '하다'를 붙이면 '단단하다'이지요. 그래서 '단단히'로 씁니다. '틈틈이'와 '틈틈히' 중 무엇이 맞는지 헷갈릴 때도 이 방법으로 생각하면 쉽습니다. '틈틈하다'라는 말은 없지요? 따라서 '이'가 붙은 '틈틈이'가 맞습니다. 접사 '이'와 '히'가 헷갈릴 때는 '하다'를 기억하세요.

✦ 나사가 풀리면 위험하니까 단단히 조여 줘.

✦ 알겠어. 마지막에 한 번 더 확인할게.

단말마

'임종', '숨이 끊어질 때의 모진 고통'을 나타내는 말은 '단말마斷末摩'입니다. 한자로 이루어진 한자어지요. 한자 '끊을 단斷', '끝 말末', '갈다 마摩'에서 죽음과 관련된 뜻을 확인할 수 있습니다. 이러한 '단말마'를 '단발마'로 잘못 쓰는 사례를 자주 접합니다. 어떤 한자로 구성됐는지 알아 두면 앞으로 헷갈리지 않겠지요?

✦ 인생의 끝에 단말마의 비명 없이 평안하게 마무리했으면 좋겠어.

✦ 단말마라니……. 죽음을 생각하기에 우리는 아직 젊어.

단언컨대

'단언컨대'는 자주 쓰는 말이지만 '단언건데', '단언 컨데', '단언건데'처럼 잘못 쓰곤 합니다. '단언컨대'는 '주저하지 아니하고 딱 잘라 말하다'라는 의미를 가진 '단언하다'에 어미가 붙은 말입니다. 우리말에 '건데'라는 어미는 없습니다. '건대'는 '뒤 절의 내용이 화자가 보거나 듣거나 바라거나 생각하는 따위의 내용임을 미리 밝히는 연결어미'입니다. '단언하-'에 '-건대'가 결합할 때 '-하' 앞에 모음이나 울림소리가 오는지, 자음이 오는지에 따라 'ㅎ'이 남거나 '하'가 통째로 탈락합니다. '단언'은 울림소리인 'ㄴ'으로 끝나기 때문에 'ㅎ'이 남아 '단언컨대'로 씁니다. 울림소리가 아닌 경우에는 '하'가 통째로 탈락하지요. 마찬가지로 '요약건대', '짐작건대', '보건대', '바라건대'로 써야 맞습니다.

✦ 단언컨대 이 책은 맞춤법의 핵심을 모두 담았어.

✦ 그럼 나도 이 책으로 맞춤법을 공부해야겠다.

단출하다

　　모음조화에 따라 발음하고 써야 할 것 같아 잘못 사용하는 말들이 있습니다. '단촐하다'도 그중 하나입니다. 맞는 표기는 '단출하다'이지요. '단출하다'는 '식구나 구성원이 많지 않아서 홀가분하다', '일이나 차림차림이 간편하다'라는 뜻을 지니고 있습니다. '단출한 신혼살림', 차림이 단출하다'처럼 쓰지요. '단촐'이라는 단어는 우리말에 없습니다. '단출하다'만 기억하세요.

✦ 차린 게 없어 단출하지만 맛있게 드세요.

✦ 단출하다니요, 겸손의 말씀입니다. 상다리가 부러질 것 같은데요. 잘 먹겠습니다.

달리다

　　평음(ㄱ, ㄷ, ㅂ)으로 발음해야 하는데 된소리(ㄲ, ㄸ, ㅃ)로 발음해 잘못 쓰는 경우가 있습니다. 재물이나 기술, 힘이 모자랄 때 '딸리다'를 쓰는 경우가 그 예이지요. '체력이 딸려서 더 못 걷겠어', '힘이 딸려서 더 많이 못 들겠어'는 모두 틀린 표현이에요. '체력이 달려서', '힘이 달려서'라고 써야 합니다. 발음도 [달려서]가 맞습니다. '딸리다'는 '어떤 것에 매이거나 붙어 있다'라는 뜻입니다. '꽃밭이 딸린 집', '비서가 딸려 있다'처럼 쓰지요. 정확한 소통을 위해서는 바르게 발음하고 바르게 써야겠지요?

✦ 요즘 운동을 안 했더니 체력이 달린다.

✦ 집에서 맨몸 운동부터 차근차근 다시 시작해 봐.

대가

2음절로 된 한자어에서 사이시옷을 표기하는 경우는 6개밖에 없습니다. '숫자, 횟수, 셋방, 찻간, 곳간, 툇간'뿐이지요. 이외에는 사이시옷을 적지 않아요. 그런데 사이시옷을 적는 오류를 범하는 단어들이 있습니다. '대가'가 대표적입니다. 많은 사람이 '댓가'라고 잘못 쓰지요. 바른 표기는 '대가'입니다. '대가'와 '개수'는 사이시옷 없이 쓰고 [대까], [개쑤]로 발음한다고 외워 두세요. 더불어 앞에서 말한 6가지 단어를 외워 두면 혼동이 줄어들 거예요.

✦ 동생 과제를 도와준 대가로 공연표를 받았어.

✦ 와, 어떤 공연이야?

대로

'정치인 ○○○ 대노', '극대노'와 같은 표현을 뉴스나 인터넷에서 많이 볼 수 있습니다. 한자어 '클 대大'와 '성낼 노怒' 자로 이루어진 말이기에 본음 그대로 '대노'로 표기하기 쉽지만, 이는 틀린 표기입니다. 발음을 부드럽게 하고자 뒤의 '노'가 '로'로 발음됩니다. 따라서 '대로'라고 써야 하지요.

- ✦ 여당 국회의원이 말실수를 해서 야당 국회의원이 대로했대.
- ✦ 나도 기사 봤어. 정말 큰 말실수를 했더라.

대물림

　　부모님, 조부모님에게서 집이나 사업을 물려받는 경우가 있지요. 이럴 때 쓰는 말이 '대물림'입니다. '대물림'은 '사물이나 가업 따위를 후대의 자손에게 남겨 주어 자손이 그것을 이어 나감. 또는 그런 물건'을 의미하지요. 이 말을 가끔 '되물림'으로 쓰는 경우도 있습니다. '되'라는 접사가 반복을 의미해서 잘못 쓰는 것이지요. '되물리다'는 '다시 물다'라는 의미인 '되물다'의 피동형으로 사전에 등재되어 있는데, 이는 북한어입니다. '대물림'은 '다시 물려주다'가 아니라 '대를 이어 물려주다'라는 뜻이기에 '대물림'이라고 써야 합니다. '대를 잇다'를 기억해 두세요.

✦ 이 집은 증조할아버지 때부터 대물림해 온 집이야.

✦ 오랜 세월이 쌓여서 그런가, 집이 참 고즈넉하다.

더욱이

'더욱이'의 발음은 [더우기]입니다. 그래서 많은 사람이 발음대로 '더우기'로 잘못 쓰기도 합니다. '더욱이'는 부사 '더욱'에 접사 '이'가 붙어 이루어진 말입니다. 한글 맞춤법에 부사에 접사 '이'가 붙어 이루어진 말은 원형을 살려 표기한다는 규정이 있습니다. 이에 '더욱이'가 맞다는 사실을 확인할 수 있지요. 같은 원칙으로 '일찌기'가 아니라 '일찍이'가 맞고 '오뚜기'가 아니라 '오뚝이'가 맞다는 사실을 알 수 있겠지요?

✦ 그 집은 너무 좁고, 더욱이 어두워서 다른 곳을 더 둘러보려고.

✦ 그래. 이사는 신중하게 해야지.

던과 든

  '내가 미워하던 그 사람', '내가 미워하든 그 사람', '네가 무엇을 선택하던', '네가 무엇을 선택하든' 중 무엇이 맞을까요? '던'과 '든'은 표기할 때뿐만 아니라 발음할 때도 헷갈립니다. '던'과 '든'을 어떨 때 사용하면 되는지 구분하는 쉬운 기준이 있습니다. '던'은 과거를 말할 때, '든'은 선택해야 할 때 쓰면 됩니다. 과거를 회상하는 첫 번째 예에서는 '내가 미워하던 그 사람'이 맞고, 선택을 의미하는 두 번째 예에서는 '네가 무엇을 선택하든'이 맞지요. '던'과 '든'을 구별하는 방법으로 '던지'와 '든지'도 잘 구별할 수 있습니다. '사과든지 딸기든지 더 좋아하는 것을 골라'에는 '든지'가 맞고, '내가 그걸 좋아했던지 안 했던지 기억나지 않는다'라고 할 때는 '던지'를 써야 하지요.

- ✦ 아직도 화 안 풀렸어? 예전에 네가 좋아하던 빵을 사 왔어. 좀 먹어 봐.
- ✦ 빵을 먹든 밥을 먹든 내가 알아서 할게.

자주 헷갈리는
맞춤법
확인 문제

✦

앞에서 익힌 바른 표기를 잘 기억하고 있는지 확인해 볼까요?
맞는 표기에 동그라미를 해 보세요.

1. 합격 확인 전에 마음을 단단히 먹었다. (   )
    합격 확인 전에 마음을 단단이 먹었다. (   )

2. 영웅은 단말마의 순간에도 남 탓을 하지 않는다. (   )
    영웅은 단발마의 순간에도 남 탓을 하지 않는다. (   )

3. 단언컨대 근대 이후 최고 천재이다. (   )
    단언건대 근대 이후 최고 천재이다. (   )

4. 아르바이트 갈 때는 단촐한 옷차림으로도 충분해. (   )
    아르바이트 갈 때는 단출한 옷차림으로도 충분해. (   )

5. 평소에 운동을 안 해서 힘이 딸려. ( )

   평소에 운동을 안 해서 힘이 달려. ( )

6. 댓가를 충분히 치렀다. ( )

   대가를 충분히 치렀다. ( )

7. 사장님이 매출이 떨어져 대로하셨어. ( )

   사장님이 매출이 떨어져 대노하셨어. ( )

8. 학력 되물림이 더 심해졌다. ( )

   학력 대물림이 더 심해졌다. ( )

9. 상대가 실수해 놓고 더욱이 화까지 냈어. ( )

   상대가 실수해 놓고 더우기 화까지 냈어. ( )

10. 내가 사랑했던지 안 했던지 모르겠어. ( )

    내가 사랑했든지 안 했든지 모르겠어. ( )

---

1. 단단히 2. 단말마의 3. 단언컨대 4. 단출한 5. 달려 6. 대가를
7. 대로하셨어 8. 대물림이 9. 더욱이 10. 사랑했던지 안 했던지

덥히다

　　체온을 높이거나 음식의 온도를 높일 때 쓰는 말은 '덥히다'입니다. '찌개를 덥혀 먹자', '방 안 온도를 덥히자'라고 써야 맞지요. 그런데 이를 '뎁히다', '데피다'라고 잘못 쓰는 경우가 많습니다. 이는 발음 때문이에요. '히'의 'ㅣ' 모음의 영향으로 '덥'의 'ㅓ'를 'ㅔ'로 발음하는 것입니다. '어미'를 '에미', '아비'를 '애비'로 발음하는 경향이 이와 같은 예이지요. 한글 맞춤법 규정에서는 몇 가지 예외를 제외하고는 'ㅣ' 모음 역행동화를 표준 표기로 인정하지 않습니다. '에미', '애비'가 표준 표기가 아닌 것처럼 '뎁히다'도 표준 표기가 아닙니다. 올바로 발음하고 쓰는 연습이 필요해요.

✦ 요즘은 밖에서 휴대 전화로 집의 보일러를 틀어서 미리 방을 덥혀 놓을 수 있대요.

✦ 그러면 목욕물도 미리 덥혀 놓을 수 있어서 편리하겠네요.

덮이다

겨울 산을 본 적 있나요? 눈이 내려 온통 하얗게 변한 모습이 절경이지요. '눈에 덮힌 산', '눈에 덮인 산' 중 무엇이 맞을까요? '눈에 덮인'이 맞습니다. '덮이다'는 접사 '이'와 '히'를 구별하기 쉽지 않아 많이 틀리는 말입니다. 받침 'ㅍ'이 연음되면서 [더피다]로 발음되어 'ㅎ' 소리가 남은 듯 들리기 때문입니다. '덮다'를 피동형으로 만드는 접사는 '이'입니다. 그러니까 '물을 덥히다'라고 쓸 때는 '히'를 쓰고, '물에 덮이다'라고 쓸 때는 '이'를 써야 하지요. '덥히다'의 '히'는 사동의 의미를 갖고, '덮이다'의 '이'는 피동의 의미를 갖는다는 점에서도 다릅니다.

✦ 이번 사진전에서 1등 한 작품 봤어?

✦ 응, 눈에 덮인 산을 찍은 사진 맞지? 정말 멋지더라.

데와 대

'새로 오는 팀장이 젊대'와 '새로 오는 팀장이 젊데' 중 어떤 것이 맞을까요? '젊대'와 '젊데' 모두 맞을 수도 틀릴 수도 있습니다. 만일 말하는 사람이 팀장을 직접 보지 않고 누군가에게서 정보를 얻어 말한 것이라면 '젊대'로 쓰는 것이 맞습니다. 반대로 직접 보고 한 말이라면 '젊데'가 맞습니다. '젊대'는 '젊다고 해'를 줄인 말입니다. 직접 본 것이 아닌 들은 말을 전할 때 쓰는 말이지요. '젊데'는 '젊더라'로 바꾸어 쓸 수 있습니다. 직접경험을 의미하는 '더'를 확인할 수 있습니다.

✦ 듣던 대로 신입이 일을 잘하데.

✦ 동기들 말로는 노래도 잘한대.

돋우다와
돋구다

    우리는 일상생활에서 '돋구다'라는 단어를 많이 사용합니다. '흥을 돋구다', '화를 돋구다', '입맛을 돋구다'처럼 쓰지요. 그런데 이 문장들은 모두 틀린 표현입니다. '돋우다'가 들어가야 할 자리에 '돋구다'가 들어갔기 때문이지요. '정도를 더 높이다', '감정이나 기색 따위를 생겨나게 하다', '입맛을 당기게 하다'의 의미를 지닌 말은 '돋우다'입니다. 그렇다면 '돋구다'는 어떤 의미이고 언제 쓰일까요? '돋구다'의 의미는 '안경의 도수 따위를 더 높게 하다'입니다. 즉, 안경 도수를 높일 때 외에는 쓰지 않지요. 이제 잃어버린 '돋우다'의 자리를 찾아 줍시다.

✦ 글자가 잘 안 보이니 안경 도수를 돋구러 안경점에 가야겠어.

✦ 안경점에 들렀다가 입맛을 돋우는 제철 음식을 먹으러 가자.

돋치다

새로 나온 물건이 잘 팔릴 때 '날개 돋힌 듯 팔린다'라는 표현을 씁니다. 마음을 아프게 하는 말을 두고 '가시 돋힌 말'이라고도 하지요. 그런데 이는 모두 틀린 표기입니다. 아마도 '돋다'에 피동 접사 '히'가 결합한다고 잘못 생각해 이런 실수를 하는 듯합니다. 그러나 '돋다'에는 피동 접사가 결합할 수 없습니다. '돋히다'는 없는 말이지요. 따라서 '돋다'에 강조를 나타내는 '치'가 결합한 '돋치다'가 맞는 표기입니다. '돋치다'는 '돋아서 내밀다'라는 의미를 지닙니다. 그러니까 '날개 돋친', '가시 돋친'으로 고쳐야겠지요?

✦ 유명인이 저 제품을 사용하고 나서 날개 돋친 듯 팔리고 있대.

✦ 유명인을 보고 사지 말고, 기능을 보고 사야 할 텐데.

(돌)

      어르신들의 돌 사진을 보면 '돐잔치', '돐 기념'과 같은 표기를 종종 볼 수 있습니다. 예전에는 '돌'은 생일, '돐'은 주기의 의미로 세분해 표기했습니다. 그러다 의미의 구별이 모호해져 '돌'로 통일했지요. 이제 '돐'은 세상에 없는 표기가 되었습니다. 한때는 맞는 표기였지만 지금은 틀린 표기가 되듯이 표준어는 바뀌기도 합니다.

✦ 다음 주말에 뭐 해? 시간 있으면 나랑 밥 먹자.

✦ 미안해. 그날 돌잔치에 가야 해.

동녘

예전에 끝말잇기 게임을 하는 프로그램이 있었습니다. 그 게임에서 꼭 이기는 단어 중 하나는 '해 질 녘'이었지요. 이때 '녘'은 '어떤 때의 무렵'을 뜻합니다. 그런데 많은 경우에 '녘'은 방향을 가리키며 자립적으로 쓰일 수 있습니다. 당연히 '녘'은 동, 서, 남, 북처럼 방향과 관련한 단어와 어울리지요. '과녁'에서 표적을 의미할 때는 '녘'이 아닌 '녁'으로 써야 한다고 했지요? '과녁 녘'이라는 표현은 가능합니다. 이는 '과녁 방향'이라는 의미지요. 단, '남녘 방향에서 바람이 분다'처럼 쓰는 것은 틀린 표현입니다. '녘'이 방향을 의미하기 때문에 '녘'과 '방향'을 함께 쓰면 같은 말을 반복하는 것이지요. 따라서 이럴 때는 '남녘에서 바람이 분다'라고 써야 합니다.

✦ 오늘 많이 피곤해 보인다.

✦ 어제 과제를 하느라 잠을 못 잤어. 과제를 마무리하니까 동녘 하늘에서 해가 뜨더라고.

되지

 '그러면 안 돼지', '그러면 안 되지', '좋아하면 안 되', '좋아하면 안 돼'는 언중들을 헷갈리게 하는 대표적인 말입니다. '돼'는 '되다'의 어간 '되'에 어미 '어'가 결합한 말입니다. 그러니까 '돼'가 나오면 '되어'로 풀어서 보면 됩니다. '안 되어지'는 어색하지요? 그러니 '안 되지'라고 써야 합니다. 어간은 항상 어미와 함께 쓰여야 합니다. '되'라는 어간을 '안 되'라고 독립적으로 쓰면 말을 하다 만 것입니다. '안 돼'라고 써야 옳게 마무리되지요. 그래도 헷갈린다면 '돼'와 '되'를 '해'와 '하'로 바꾸어 보는 것도 좋습니다. '안 해'는 가능하니까 '안 돼'도 맞는 표기이지요. 또 '하지'가 가능하므로 '되지'로 쓰면 됩니다.

✦ 여기에 있는 물건은 만지면 안 돼. 물론 저기 놓인 물건도 만지면 안 되지.

✦ 네, 알겠습니다.

두루뭉술하다와
두리뭉실하다

표준어는 시대에 따라 새로 등재되거나, 등재됐다가 사라지기도 합니다. '두리뭉실하다'는 2011년 이전에는 표준어로 인정되지 않았습니다. '두루뭉술하다'만 맞는 표기였지요. 그런데 2011년에 '두루뭉술하다'와는 약간의 어감 차이가 있고 사람들이 두루 쓰는 말이라는 점이 고려되어 표준어로 등재됐습니다. '두리뭉실하다'는 '특별히 모나거나 튀지 않고 둥그스름하다', '말이나 태도 따위가 확실하거나 분명하지 아니하다'라는 뜻으로 풀이됩니다. '두루뭉술하다'는 '모나거나 튀지 않고 둥그스름하다', '말이나 행동 따위가 철저하거나 분명하지 아니하다'로 풀이됩니다.

✦ 괜히 두리뭉실하게 얼버무릴 생각일랑 하지 말고 분명하게 말해 봐. 소문낸 사람이 너야?

✦ 아, 내가 두루뭉술한 게 아니고 소문이 나 때문에 퍼진 건지 정말 잘 모르겠어.

뒤꿈치

동영상 사이트에서 정보를 찾다가 〈발뒷꿈치의 각질을 뽀송뽀송하게 만드는 법〉이라는 영상을 봤습니다. '뒷꿈치', '뒷굼치'처럼 '뒤'와 '꿈치', '굼치'의 결합에 사이시옷을 넣은 표기를 흔히 볼 수 있습니다. 사이시옷을 표기하는 조건 중에는 뒷소리 평음(ㄱ, ㄷ, ㅂ, ㅅ, ㅈ)이 된소리(ㄲ, ㄸ, ㅃ, ㅆ, ㅉ)로 변할 때라는 것이 있습니다. 원래 뒷소리가 된소리였다면 사이시옷을 표기할 수 없지요. '굼치'라는 말은 사전에도 없는 말입니다. 방언으로만 기록되어 있지요. '꿈치'는 원래 된소리이기에 사이시옷을 적을 이유가 없습니다. 그러니 '뒤꿈치'가 맞는 표기지요. '뒤꿈치'는 '발의 뒤쪽 발바닥과 발목 사이의 불룩한 부분'을 말합니다. 이 뜻풀이에 팔에 관한 내용은 없지요? '팔꿈치'는 관절 바깥쪽을 말하기 때문에 앞뒤 개념으로 보지 않습니다.

✦ 여름 샌들을 신고 싶은데 뒤꿈치 각질이 걱정이야.

✦ 요즘 각질 제거 용품을 많이 팔던데 한번 사용해 봐.

자주 헷갈리는 맞춤법 확인 문제

✦

앞에서 익힌 바른 표기를 잘 기억하고 있는지 확인해 볼까요?
맞는 표기에 동그라미를 해 보세요.

1. 전자레인지에 김치전을 뎁혀 먹자. (   )
   전자레인지에 김치전을 덥혀 먹자. (   )

2. 안개에 덮힌 산은 환상적이다. (   )
   안개에 덮인 산은 환상적이다. (   )

3. 소문에 따르면 회사에서 휴가를 늘린대. (   )
   소문에 따르면 회사에서 휴가를 늘린데. (   )

4. 입맛을 돋구는 참기름. (   )
   입맛을 돋우는 참기름. (   )

5. 신상품이 날개 돋친 듯 팔리고 있어. (   )
    신상품이 날개 돋힌 듯 팔리고 있어. (   )

6. 내일 돓잔치에 가야 해. (   )
    내일 돌잔치에 가야 해. (   )

7. 동녁에서 불어오는 바람을 샛바람이라고 해. (   )
    동녘에서 불어오는 바람을 샛바람이라고 해. (   )

8. 그렇게 말하면 안 돼지. (   )
    그렇게 말하면 안 되지. (   )

9. 해명할 때 두루뭉술하게 하면 안 돼. (   )
    해명할 때 두리뭉실하게 하면 안 돼. (   )

10. 오래 걸어서 뒤꿈치가 까졌어. (   )
    오래 걸어서 뒷굼치가 까졌어. (   )

---

1. 덥혀 2. 덮인 3. 늘린대 4. 돋우는 5. 돋친 6. 돌잔치에 7. 동녘에서
8. 되지 9. 두루뭉술하게/두리뭉실하게 10. 뒤꿈치가

뒤집개

　　'찌개'인지 '찌게'인지 헷갈려 하듯이 '뒤집개'도 '뒤집게'로 잘못 쓰는 사람들이 많습니다. 물건을 집을 때 쓰는 도구를 '집게'라고 불러서 '뒤집개'의 '집개'도 '집게'라고 오해하는 것이지요. '프라이팬에 요리할 때 음식을 뒤집는 기구'인 '뒤집개'는 '뒤집다'에 '개'가 붙은 말입니다. '지우다'에 '개'가 붙은 '지우개', '날다'에 '개'가 붙은 '날개', '덮다'에 '개'가 붙은 '덮개'도 같은 방식으로 만들어졌습니다.

✦ 이제 전 부칠 준비는 다 끝난 건가?

✦ 아! 제일 중요한 뒤집개를 안 가져다 놓았네.

뒤치다꺼리

드라마에서 부모와 자녀가 싸우는 장면이 나왔습니다. 엄마는 '내가 언제까지 네 뒤치다꺼리를 해야 되니!'라며 화를 냈지요. 이때 쓰인 '뒤치다꺼리'는 '뒤치닥거리', '뒷치닥거리', '뒤치닥꺼리'처럼 잘못된 표기가 많이 발견되는 말입니다. 바른 표기는 '뒤치다꺼리'이지요. '먹거리', '볼거리'처럼 이 말에도 '거리'가 들어가야 한다고 생각하기도 합니다. '뒤치다꺼리'는 '뒤'와 '치다꺼리'가 결합된 말입니다. '치다꺼리'는 '일을 치러 내는 일', '남의 자잘한 일을 보살펴서 도와줌. 또는 그런 일'을 의미합니다. '뒤치다꺼리'는 '일이 끝난 뒤에 뒤끝을 정리하는 일'을 의미하거나 '뒤에서 일을 보살펴서 도와주는 일'을 의미합니다. '치다꺼리'를 기억하면 헷갈릴 일이 줄어들겠지요?

✦ 행사가 끝나니까 뒤치다꺼리할 게 많네.

✦ 내가 도와줄게. 빨리 끝내고 쉬자.

뒤풀이

　　사이시옷을 넣어야 하는지 넣지 않아야 하는지 헷갈리는 말들이 있습니다. '뒷풀이'인지 '뒤풀이'인지 헷갈리지요. 사이시옷은 뒤에 오는 말이 된소리이거나 거센소리일 때에는 쓰지 않습니다. '뒤+풀이'에서 뒤에 오는 '풀이'의 'ㅍ'이 거센소리이니 이때에도 사이시옷은 쓰지 않지요. 이와 같은 이유로 '뒤차', '뒤태' 등에도 사이시옷을 쓰지 않습니다. 된소리가 있는 '뒤쪽'도 마찬가지겠지요?

✦ 몸이 안 좋아서 뒤풀이에 참여하지 못할 것 같아.

✦ 그럼 뒤차에 타지 말고 따로 택시를 불러 가야겠네.

들르다와
들리다

'서점에 들려서 책을 샀다'인지, '서점에 들러서 책을 샀다'인지 헷갈리지요? 이는 '들르다'와 '들리다'를 혼동하기 때문입니다. 이 문장에서는 '서점에 들러서'가 맞습니다. '지나는 길에 잠깐 들어가 머무르다'라는 뜻을 지닌 말은 '들르다'이지요. '들르다'의 어간 '들르'와 어미 '어'가 결합할 때 '르'의 'ㅡ'가 탈락해 '러'가 되지요. 반면 '들려서'는 두 가지 경우에 가능합니다. 첫 번째는 '듣다'의 피동형 '들리다'의 어간 '들리'에 어미 '어'가 결합한 다음 '리'와 '어'가 축약되어 '려'가 되는 경우입니다. 그리고 '들다'에 사동 접사 '리'가 결합한 다음 어미 '어'까지 결합해 축약된 경우가 있습니다.

✦ 같이 마트에 들러서 고기랑 휴지랑 세제도 사 가자.

✦ 고기 먹는다고 해서 왔는데 나한테 장바구니를 들려서 데리고 다니려는 거군.

듬뿍

　　왠지 발음대로 쌍자음을 쓰지 않고 자음 하나를 써야 할 것 같은 단어들이 있습니다. 그래서 발음대로 '듬뿍'이라고 쓰지 않고 '듬북'이라고 잘못 쓰기도 하지요. '듬뿍'은 발음 그대로 '듬뿍'으로 써야 합니다. '담뿍'도 마찬가지이지요. 한 단어 안에서 뚜렷한 까닭 없이 나는 된소리는 다음 음절의 첫소리를 된소리로 적어야 합니다.

✦ 정말 국에 고기가 듬뿍 들어갔구나.

✦ 너를 향한 사랑을 담뿍 담았지.

딱따구리

　　주로 부리를 나무에 붙이고 있는 모습으로 찍히는 새가 있습니다. 바로 딱따구리입니다. 항상 나무를 쪼고 있을 것 같은 이름을 가진 새이지요. '딱따구리'는 나무에 구멍을 내어 그 속에 있는 벌레를 잡아먹고 삽니다. 그런데 '딱따구리'도 표기를 틀리는 사람이 많습니다. '딱다구리', '딲다구리', '딱딱구리'라고 잘못 적지요. 새의 특징을 담은 이름인 만큼 이름을 제대로 써야겠지요?

✦ 우리 동네 산에 딱따구리가 산다는데 난 아직 한 번도 못 봤어.

✦ 주말에 딱따구리도 찾아볼 겸 같이 등산 갈래?

(딴지와
딴죽)

내가 어떤 일을 할 때 다른 사람이 계속 훼방을 놓으면 '딴지 좀 걸지 마'라고 화를 내게 됩니다. 이처럼 '일이 순순히 진행되지 못하도록 훼방을 놓거나 어기대는 것'에 '딴지'라는 표현을 씁니다. 이 말은 원래 표준어가 아니었습니다. '딴죽'의 잘못된 표기였지요. '딴죽'은 '이미 동의하거나 약속한 일에 대하여 딴전을 부림을 비유적으로 이르는 말'입니다. 이렇듯 '딴죽'과 '딴지'는 용법에서 크게 차이가 나서 2014년에 '딴지'도 표준어로 등재됐습니다.

✦ 최근 계약한 거래처에서 딴죽을 쳐서 힘들어. 거래처 담당자는 괜히 딴지도 걸고 그래. 내가 뭐 실수했나?

✦ 정말 속상하겠다. 거래처 담당자에게 조심스럽게 물어보는 건 어때?

떡볶이

학생들의 대표 간식 하면 떡볶이를 빼놓을 수 없지요. '떡볶이'라고 적은 분식점도 있고 '떡복기'라고 적은 식당도 있습니다. 떡과 고추장을 잘 버무린 음식의 바른 표기는 '떡볶이'이지요. '볶기'는 '식품의 가공 방법 가운데 수분의 공급이 없는 상태에서 실시하는 열처리 방법'을 말합니다. '볶기'의 '기'는 방법, '떡볶이'의 '이'는 음식 자체를 의미한다고 기억해 두세요. 더불어 '볶음'은 요리 방법과 음식 둘 다를 의미하는데, '김치볶음'처럼 붙여서 쓰면 음식 이름이 되고, '김치 볶음'이라고 띄어서 쓰면 요리 방법이 됩니다.

✦ 오늘 학교 끝나고 떡볶이 먹으러 갈래?

✦ 좋아. 순대랑 튀김도 같이 먹자.

(띄다와
   띠다)

　　'띄다'와 '띠다'는 발음이 모두 [띠다]이기 때문에 헷갈리는 말들입니다. '띄다'는 '뜨이다'나 '띄우다'의 준말입니다. '뜨이다'는 '뜨다'의 피동형이지요. '감았던 눈이 벌려지다', '처음으로 청각이 느껴지다' 등의 의미가 있습니다. '띄우다'는 '공간적으로 거리가 꽤 멀다'라는 뜻을 지닌 '뜨다'의 사동형입니다. '한 줄을 띄우고 써라'처럼 쓸 수 있지요. '띠다'는 '띠나 끈 따위를 두르다', '빛깔이나 색채를 가지다', '감정이나 기운을 나타내다' 등의 의미를 지닌 말입니다. '띠다'가 띠를 두르고 무엇인가를 드러낸다는 것을 알아 두면 '띄다'와 구분할 수 있습니다. '띄다'는 '눈에 띄는 화려한 색', '귀가 번쩍 띄는 소식'처럼 사람의 감각과 관련되거나 공간의 간격을 벌릴 때 쓰고, '띠다'는 '미소를 띠다', '빛을 띠다'처럼 무엇을 드러낼 때 씁니다.

✦ 네가 빨간색 옷을 입어서 멀리서도 눈에 띄었어.

✦ 네가 멀리서부터 손을 흔들어 나도 미소를 띠고 왔어.

로서와
로써

'로서'와 '로써'는 모두 [로써]로 발음됩니다. 그래서 잘못 쓰는 경우가 많지요. '로서'는 '지위나 신분 또는 자격을 나타내는 격조사'입니다. 앞 체언이 'ㄹ' 이외의 받침으로 끝나면 '으'를 붙이지요. '친구로서 좋다', '공무원으로서 마땅히 해야 할 일'처럼 쓸 수 있습니다. '로써'는 '어떤 물건의 재료나 원료, 어떤 일의 수단이나 도구를 나타내는 격조사'입니다. '쌀로써 떡을 만든다', '말로써 천 냥 빚을 갚는다'처럼 쓸 수 있지요.

✦ '책 장터'는 도서관의 인기 프로그램으로서 10년째 운영되고 있어.

✦ 다양한 도서관 프로그램을 운영함으로써 동네 주민들이 책에 관심을 갖도록 노력하네.

✦ 10

앞에서 익힌 바른 표기를 잘 기억하고 있는지 확인해 볼까요?
맞는 표기에 동그라미를 해 보세요.

1. 전을 부칠 때 뒤집개가 필요해. (　)
   전을 부칠 때 뒤집게가 필요해. (　)

2. 부모님이 내 뒤치닥거리를 하시느라 고생이 많으셨어. (　)
   부모님이 내 뒤치다꺼리를 하시느라 고생이 많으셨어. (　)

3. 뒷풀이에서 무리할 필요는 없어. (　)
   뒤풀이에서 무리할 필요는 없어. (　)

4. 마트에 들려서 양파 좀 사다 줘. (　)
   마트에 들러서 양파 좀 사다 줘. (　)

5. 예전 어르신들은 밥을 밥그릇 넘치게 듬뿍 담아 드셨대. (　)

  예전 어르신들은 밥을 밥그릇 넘치게 듬북 담아 드셨대. (　)

6. 요즘은 딱따구리 시계가 없어. (　)

  요즘은 딱다구리 시계가 없어. (　)

7. 이미 합의한 일에 딴지를 걸어 재계약을 하자네요. (　)

  이미 합의한 일에 딴죽을 걸어 재계약을 하자네요. (　)

8. 떡볶기는 역시 맵게 먹어야지. (　)

  떡볶이는 역시 맵게 먹어야지. (　)

9. 눈에 띠게 화려한 옷을 입었다. (　)

  눈에 띄게 화려한 옷을 입었다. (　)

10. 주위의 도움으로써 학업을 이어갈 수 있었다. (　)

  주위의 도움으로서 학업을 이어갈 수 있었다. (　)

---

1. 뒤집개가 2. 뒤치다꺼리를 3. 뒤풀이에서 4. 들러서 5. 듬뿍
6. 딱따구리 7. 딴죽을 8. 떡볶이는 9. 띄게 10. 도움으로써

마구간

사이시옷 표기는 많은 사람이 헷갈려 합니다. 된소리로 발음되면 왠지 사이시옷을 넣어야 할 것 같지요. '마구간'도 '마굿간'으로 잘못 적는 경우를 자주 봅니다. 그런데 사이시옷을 표기할 때 합성명사를 구성하는 말들 중 하나 이상은 반드시 고유어, 즉 순우리말이어야 한다는 조건이 있습니다. 모두 한자어로 된 말이라면 아무리 뒷말이 된소리로 바뀌어 발음되더라도 사이시옷을 넣지 않아야 하지요. '마구간馬廄間'은 모두 한자어로 이루어진 말입니다. 그래서 사이시옷 표기를 할 수 없습니다.

✦ 우리 마구간에 가서 말에게 먹이를 주자.

✦ 그래. 혹시 먹이를 주고 쓰다듬어도 괜찮아?

마뜩잖다

'마뜩잖다'도 잘못된 발음 때문에 틀리게 쓰는 사람들이 많습니다. '마뜩잖다'는 '마음에 들 만하지 아니하다'라는 뜻이지요. 그런데 이 말을 [마뜩찬타]로 발음해 '마뜩찮', '맏뜩찮다', '맛뜩찮다'라고 쓰는 경우가 많습니다. 사실 [마뜩찬타]라는 발음은 방언식입니다. '마뜩잖다'의 표준 발음은 [마뜩짠타]입니다. [찬]이 아니라 [짠]이지요. '괜찮다'의 '찮'을 떠올리는 사람도 있는데, 이 말은 '괜하지 않다'가 줄어든 말입니다. '하지'가 줄어들 때는 앞말에 영향을 받아서 울림소리면 'ㅎ'이 남아 '치'로 줄고, 울림소리가 아니면 '하'가 통째로 줄지요. '괜'에 'ㄴ'이 울림소리이기 때문에 '괜치 않다'가 되어서 '괜찮다'가 된 것입니다. 반면에 '마뜩잖다'는 'ㄱ' 소리가 앞에 오니까 '하'가 통째로 탈락한 거지요. 바른 발음은 바른 표기로 이어집니다.

✦ 이번 신입 사원들은 영 마뜩잖아 보이네.

✦ 아직 회사에 적응하느라 일이 더딘 것 같습니다.

마실

　　'윗동네로 마실 다녀올게', '옆 마실로 놀러 갔다 올게' 두 문장의 차이가 보이나요? 첫 번째 문장의 '마실'은 '이웃에 놀러 다니는 일'이라는 의미이고, 두 번째 문장의 '마실'은 '마을'이라는 뜻입니다. 두 쓰임에는 큰 차이가 있습니다. 첫 번째 문장의 '마실'은 표준어로 인정되지만, 마을을 의미할 때는 비표준어이지요. '마을'의 의미는 방언, '놀러 다니는 일'의 의미는 표준어라고 외우면 구별하기 쉽겠지요? '마실'은 놀러 다닐 때만 쓰세요.

✦ 날씨도 좋은데 마실 좀 다녀와야겠다.

✦ 다녀와. 나는 오후에 약속이 있어.

만날과
맨날과 매일

여러분도 '맨날'이라는 말을 많이 쓰나요? 아마 '나는 왜 맨날 맞춤법이 헷갈릴까?', '맨날 방학이었으면 좋겠어'처럼 쓰곤 할 것입니다. 그런데 이 말은 2011년이 되어서야 표준어로 등재됐습니다. 그 전에는 '매일', '만날'로 써야 했지요. 참고로 '매일每日'은 모두 한자어로 이루어진 말이고 '만날萬날'은 반만 한자어, '맨날'은 모두 고유어로 이루어진 말입니다. 취향에 따라 골라 쓰세요.

✦ 매일 야근을 하니 삶의 질이 너무 떨어졌어요. 만날 부려 먹기만 하고……

✦ 맨날 야근해서 지치셨겠어요. 이번 프로젝트가 끝나고 나면 길게 휴가를 다녀오세요.

만만찮다

준말을 쓸 때 발음과 표기가 헷갈립니다. '만만찮다'도 그중 하나지요. [만만잔따]인지 [만만찬따]인지 헷갈려 '만만잖다', '만만찮다', '만만찮다' 등 다양한 표기가 나타납니다. '만만찮다'는 '만만하지 않다'의 준말입니다. 이때 준말은 두 단계를 거칩니다. '만만하다'를 먼저 줄여 볼까요? '하'가 줄어들 때는 앞말이 울림소리인지 아닌지를 고려해야 합니다. 울림소리가 오면 'ㅎ'이 남고, 아니면 '하'가 통째로 탈락되지요. '만만'의 'ㄴ'이 울림소리이니 '만만치'로 줄어듭니다. '만만치 않다'가 줄어들 때 '만만치'의 'ㅣ' 모음이 탈락해 '만만찮다'가 됩니다. 반면에 '섭섭하지 않다'는 '섭섭'이 'ㅂ'으로 끝나서 '하'가 통째로 탈락합니다. '섭섭지 않다', '섭섭잖다'로 줄어들지요.

✦ 한글 맞춤법이 만만찮네. 외워야 할 게 많다.

✦ 천천히 하나씩 익히다 보면 어느 순간 바른 표기만 쓰고 있을 거야.

말쑥하다

'말쑥한 차림', '말쑥하게 차려입었다'에 쓰는 '말쑥하다'는 '세련되고 아담하다', '지저분함이 없이 말끔하고 깨끗하다'라는 뜻을 지닌 말입니다. 가끔 '말숙하다'로 쓰는 경우가 있는데 이는 틀린 표기입니다. 이유 없이 된소리로 소리 나는 경우에 된소리로 쓴다는 한글 맞춤법 규정에 따라 '말쑥하다'로 쓰지요. '말쑥하다'보다 조금 더 훤하게 시원스러우면 '멀쑥하다'를 쓸 수 있습니다. 마찬가지로 '말쑥하다'의 뜻풀이에 있는 '말끔하다'와 '멀끔하다'도 어감의 차이가 있습니다. '말끔하다'가 좀 더 아담한 경우에 쓰지요.

✦ 말쑥한 차림으로 나타나니까 못 알아보겠다.

✦ 앞으로도 신경 쓰고 다녀야겠네.

말아라와
마라

　　'위험한 곳에 가지 말아라', '위험한 곳에 가지 마라' 중 무엇이 맞을까요? 둘 다 맞습니다. 원래 '말아라'는 틀린 표현이었습니다. 2015년에 '말아라'가 표준어로 등재되어 '마라'와 함께 복수 표준어가 되었지요. 간혹 명령형을 '않아라'처럼 쓰기도 하는데 이는 잘못된 표현입니다. 명령형의 부정 표현은 '말아라', '마라'입니다.

✦ 오, 그대 아무 걱정 하지 말아요~

✦ 아무 때나 노래 좀 하지 마요. 아이가 깨겠네.

맛깔스럽다

어근에 결합하는 접사가 헷갈려 잘못 쓰는 표현들이 있습니다. '맛깔스럽다'를 대신해 쓰는 '맛깔지다'가 한 예입니다. '입에 당길 만큼 음식의 맛이 있다'는 의미의 말은 '맛깔스럽다'입니다. '맛깔지다'는 잘못된 표현이지요. '스럽다'와 '지다' 모두 '그러한 성질이 있음'의 뜻을 더하고 형용사를 만드는 접미사라서 혼동합니다. 접사 '지다'는 '값지다', '멋지다', '기름지다' 등에 쓰입니다. '재미지다'도 들어본 적 있나요? '재미지다'는 전남 방언입니다. 이제 더 이상 헷갈리지 마세요.

✦ 우리 언니는 음식을 참 맛깔스럽게 해.

✦ 정말 부럽다. 나도 요리를 잘하고 싶은데 아직 맛이 좀 부족해.

맛보기

방언인지 표준어인지 헷갈려 맞춤법을 틀리는 경우가 있습니다. '맛보기', '맛뵈기'가 대표적입니다. '어떤 일을 본격적으로 하기 전에 시험 삼아 해 보는 것을 비유적으로 이르는 말'의 표준 표기는 '맛보기'입니다. '맛보기로 다음 편을 살짝 보여 줄게'처럼 쓸 수 있지요. '맛배기', '맛뵈기', '맛베기'는 모두 방언입니다. 방언도 훌륭한 유산이니까 표준어와 방언을 모두 알아 두면 좋겠지요? 일상생활에서는 방언과 표준어를 모두 써도 되지만 공적인 상황이나 문서에서는 표준어를 쓰세요.

✦ 맛보기 영상을 보니까 후속편이 얼른 나오면 좋겠다.

✦ 맞아. 빨리 보고 싶어.

맞추다

　　'정답을 맞춰 볼까요?'는 맞는 표현일까요, 틀린 표현일까요? 이 표현은 맥락에 따라 맞을 수도 틀릴 수도 있습니다. '맞추다'는 '둘 이상의 일정한 대상들을 나란히 놓고 비교하여 살피다'라는 뜻입니다. 따라서 답을 말해야 하는 상황이라면 틀린 표현이고, 누군가와 함께 서로의 답을 확인하는 상황이라면 맞는 표현입니다. '나는 친구와 서로 쓴 답을 맞춰 보았다'라고 하면 맞는 표현이지요. 지금은 보기 힘들지만, 예전에는 정장을 팔던 가게에 '안성맞춤'이라고 적혀 있었습니다. 이때에 '맞춤'도 맞는 표기이지요. '안성맞춤'은 주문에 따라 잘 만든다는 말인데, 경기도 안성에서 유기를 요구한 대로 잘 만들어서이 말이 생겨났다고 합니다.

✦ 나 이번 시험은 잘 본 것 같아. 우리 반에서 1등인 친구랑 답을 맞춰 봤는데 두 문제 말고 모두 답이 같았어.

✦ 오, 이번에 열심히 공부했구나!

자주 헷갈리는 맞춤법 확인 문제

✦

앞에서 익힌 바른 표기를 잘 기억하고 있는지 확인해 볼까요?
맞는 표기에 동그라미를 해 보세요.

1. 마굿간에 말이 가득 찼다. (   )
   마구간에 말이 가득 찼다. (   )

2. 후배가 마뜩잖아 일을 맡길 수가 없다. (   )
   후배가 마뜩찮아 일을 맡길 수가 없다. (   )

3. 일주일에 한 번은 친구 집에 마실을 간다. (   )
   일주일에 한 번은 옆 마실에 놀러 간다. (   )

4. 너는 맨날 게임만 하니? (   )
   너는 만날 게임만 하니? (   )

5. 아이라고 만만찮게 보면 안 돼. (   )

   아이라고 만만잖게 보면 안 돼. (   )

6. 신입 직원이 항상 말쑥하게 입고 다녀. (   )

   신입 직원이 항상 말숙하게 입고 다녀. (   )

7. 잔소리 좀 하지 말아라. (   )

   잔소리 좀 하지 마라. (   )

8. 김치 담긴 모습이 맛깔스럽게 보인다. (   )

   김치 담긴 모습이 맛깔지게 보인다. (   )

9. 내 능력을 맛보기 정도로 보여 주었다. (   )

   내 능력을 맛배기 정도로 보여 주었다. (   )

10. 변명을 하려고 친구와 서로 말을 맞췄다. (   )

    변명을 하려고 친구와 서로 말을 맞혔다. (   )

---

1. 마구간에 2. 마뜩잖아 3. 마실을 4. 맨날/만날 5. 만만찮게 6. 말쑥하게
7. 말아라/마라 8. 맛깔스럽게 9. 맛보기 10. 맞췄다

맞히다

많은 사람이 '맞추다'와 '맞히다'를 혼동해서 사용하곤 합니다. '과녁을 맞히다'와 '과녁을 맞추다' 중 무엇이 바른 표기인지 헷갈려 하지요. '맞히다'는 '문제에 대한 답을 틀리지 않게 하다', '물체를 쏘거나 던져서 어떤 물체에 닿게 하다' 등의 뜻을 지니고 있습니다. 그러니 '과녁을 맞히다', '정답을 맞히다'처럼 써야 하지요. 또 다른 뜻으로 '침, 주사 따위로 치료를 받게 하다'도 있기 때문에 '주사를 맞히다'라고 쓸 수 있습니다.

✦ 정답을 맞히면 음료 교환권을 준대.

✦ 우리 도전해 보자.

머와 뭐

　　때로 맞는 표기인데 틀린 표기로 오인되는 말들
이 있습니다. '머'도 그렇지요. '머든 네 맘대로 해'와 같은 표현
을 보면 '뭐든'이라고 고쳐야 할 것 같습니다. '머'는 '뭐'의 구어
적 표현입니다. '머든'이라고 사용해도 괜찮지요. 다만 '머'는 구
어적 표현이기에 문서에 쓰기는 적절하지 않습니다. '뭐'는 '무
엇'의 준말로 구어적 표현은 아니지만, 공식적인 문서에 쓸 때
는 '무엇'이 가장 적절합니다. 준말보다 본말이 더 문어적이기
때문입니다. 상황에 따라 구어, 준말, 본말을 구별해 쓰세요.

✦ 과제 소제목을 머라고 해야 할지 모르겠어.

✦ '무엇이 환경을 파괴했는가' 어때?

메슥거리다와
매슥거리다

　　일상생활에서 발음을 바르게 하지 않아 표기를 잘못 쓰는 예가 많습니다. '미식거리다'가 그런 표현이지요. 표준어는 '메슥거리다', '매슥거리다'입니다. 두 단어 모두 '먹은 것이 되넘어 올 것같이 속이 자꾸 심하게 울렁거리다'라는 뜻을 지니고 있습니다. '미식거리다'는 강원도 방언입니다.

✦ 점심을 급하게 먹어서 그런지 자꾸 메슥거리네.

✦ 많이 매슥거려? 심하면 약을 먹어야 하지 않을까?

메우다와
메꾸다

'부족한 돈을 메우다', '빈칸을 메꾸다'처럼 비슷한 뜻의 두 가지 표현을 쓰다 보니 무엇이 맞는 표기인지 헷갈릴 때가 있습니다. '메꾸다'와 '메우다'는 '시간을 적당히 또는 그럭저럭 보내다', '부족하거나 모자라는 것을 채우다', '뚫려 있거나 비어 있는 곳을 막거나 채우다'라는 의미를 갖고 있습니다. 원래 '메우다'만 표준어였으나 2011년에 '메꾸다'도 표준어로 등재됐지요. 다만 '메우다'는 '어떤 장소를 가득 채우다'라는 의미도 지닙니다. '관객들이 공연장을 가득 메우다'처럼 쓰이지요. 이 뜻으로 쓰일 때는 '메꾸다'를 쓸 수 없습니다.

✦ 아직도 공연장을 가득 메운 관객들의 함성이 들리는 것 같아.

✦ 정말 신났지! 이제 아르바이트를 해서 이번 공연표를 사느라 쓴 돈을 메꿔야겠다.

며칠

'몇 월', '몇 달', '몇 날'처럼 '며칠'도 '몇 일'로 써야 맞는 표기 같습니다. 그런데 우리는 '며칠'을 [며칠]로 발음하지 [며딜]이나 [면닐]로 발음하지 않지요. 만일 '며칠'이 '몇'과 '일'이 결합된 말이라면 [며딜], [면닐]로 발음돼야 합니다. '며칠'은 어원이 분명하지 않은 말이어서 소리대로 '며칠'이라고 씁니다. '열흘에서 사흘을 빼면 몇 일이 남지?'라는 표현도 틀린 표현입니다. 계산할 때도 '며칠'이라고 써야 하지요. '몇 일'이라는 표현은 없다고 외워 두세요.

✦ 친구랑 싸워서 사과하려고 연락했는데 며칠 동안 답장이 없어.

✦ 조금 더 기다려 봐. 친구도 시간이 필요할 수 있잖아.

목메다와
목매다

　　'이별 때문에 목매어 울었다'와 '이별 때문에 목메어 울었다' 두 문장 중 무엇이 맞을까요? 이때 맞는 표기는 '목메어'입니다. '기쁨이나 설움 따위의 감정이 북받쳐 솟아올라 그 기운이 목에 엉기어 막히다'라는 의미를 나타낼 때는 '목메다'라고 쓰지요. 밥을 급히 먹다가 목이 막혔을 때는 한 단어가 아닌 형태로 '목이 메다'로 씁니다. '목매다'는 '죽거나 죽이려고 끈이나 줄 같은 것으로 높은 곳에 목을 걸어 매달다'라는 의미와 '어떤 일이나 사람에게 전적으로 의지하다'라는 의미를 지니고 있습니다.

✦ 그 사람과 헤어진다고 목메어 울 필요는 없어.

✦ 그래, 그런 사람에게 굳이 목맬 이유 없으니까.

무난하다

인터넷에서 화제가 된 맞춤법 중에 '무난하다', '문안하다'가 있습니다. '무난하다'를 써야 할 곳에 '문안하다'를 써서 화제가 되었지요. '일 처리가 어렵지 않고 문안하다', '문안한 스타일'이 그것입니다. 이때는 모두 '무난하다'를 써야 합니다. '무난하다'는 '별로 어려움이 없다', '이렇다 할 단점이나 흠잡을 만한 것이 없다' 등의 의미로 쓰입니다. '문안하다'는 '큰아버지께 문안하다'처럼 웃어른께 안부를 여쭐 때 씁니다. 발음이 비슷해 헷갈리지만 뜻을 잘 구별해 써야겠지요?

✦ 사장님께 보고는 잘했어?

✦ 연습한 대로 사장님께 먼저 문안하고 무난하게 보고를 했지.

(무르팍)

    무르팍 무르팍팍. 한 예능 프로그램에서 나오던 노랫말입니다. '무르팍'은 '무릎'과 접사 '악'이 결합해 이루어진 말이지요. 간혹 원형을 살려 '무릎악'으로 잘못 쓰기도 합니다. '이'나 '음'이 아닌 접사가 결합할 때는 연음이 되는 대로, 즉 소리대로 씁니다. 그러니 '무르팍'이 맞는 표기지요. 그런데 '무르팍'은 '무릎'의 속된 표현이라서 문서에 쓰기에는 적절치 않습니다. 문서에는 속어보다 본말인 '무릎'을 그대로 쓰는 것이 좋습니다. 마찬가지로 '가슴팍'도 '가슴'과 접사 '팍'이 결합한 말인데, 이 말도 속어이기 때문에 문서에 쓰기에는 적절하지 않습니다.

  ✦ 무릎에 반창고는 왜 붙였어?
  ✦ 뛰다가 넘어져서 무르팍이 까졌어.

문득과
문뜩

　　'잔뜩'이라는 말은 있고 '잔득'이라는 말은 없습니다. 발음도 [잔뜩]이라고 합니다. 까닭 없이 된소리로 소리 나면 소리대로 표기한다는 규정에 따라 '잔뜩'이라고 쓰지요. 그런데 '잔뜩'과 달리 '문뜩'은 사람들이 잘 모릅니다. 그래서 [문뜩]이라고 읽으면서 '문득'이라고 쓰지요. '문득'은 [문득]이라고 발음해야 합니다. [문뜩]이라고 읽으면 '문뜩'이라고 써야 합니다. '문뜩'은 '문득'보다 센 느낌을 주는 말입니다. 세고 약한 어감의 차이가 있으니 정도에 따라 쓰면 됩니다.

✦　여기에 오니까 문득 어린 시절이 떠오르네.

✦　나도 문뜩 술래잡기하고 놀던 때가 생각났어.

미끄러지다

'빙판길에 미끌어지다'처럼 어근의 원형을 살려 잘못 쓰는 경우가 있습니다. '미끌어지다'의 바른 표기는 '미끄러지다'입니다. '비탈지거나 미끄러운 곳에서 한쪽으로 밀리어 나가거나 넘어지다'라는 의미이지요. '미끌'이 자신의 형태 그대로 쓰이는 경우는 '미끌미끌'과 '미끌미끌하다'뿐입니다. '미끌하다'라는 말은 북한어로 우리나라에서는 쓰지 않습니다. 이를 기억해 둔다면 헷갈릴 일도 줄어들겠지요?

✦ 미끄러질까 봐 빨리 못 걷겠어.

✦ 천천히 가자. 빙판길에 넘어지면 크게 다칠 수 있어.

자주 헷갈리는
맞춤법
확인 문제

✦

앞에서 익힌 바른 표기를 잘 기억하고 있는지 확인해 볼까요?
맞는 표기에 동그라미를 해 보세요.

1. 공을 골대에 맞춰서 아쉬웠다. (   )
   공을 골대에 맞혀서 아쉬웠다. (   )

2. 너 머라도 먹어야지? (   )
   너 뭐라도 먹어야지? (   )

3. 점심 먹은 후 속이 미식거려. (   )
   점심 먹은 후 속이 매슥거려. (   )

4. 극장을 가득 메꾼 관람객. (   )
   극장을 가득 메운 관람객. (   )

5. 열흘에서 사흘을 빼면 몇 일일까요? ( )

    열흘에서 사흘을 빼면 며칠일까요? ( )

6. 길을 걷다가 목메어 울어 본 경험이 있나요? ( )

    길을 걷다가 목매어 울어 본 경험이 있나요? ( )

7. 인사드릴 때는 무난하게 차분한 옷으로 입어. ( )

    인사드릴 때는 문안하게 차분한 옷으로 입어. ( )

8. 책상에 부딪혀서 무릎악에 멍이 들었어. ( )

    책상에 부딪혀서 무르팍에 멍이 들었어. ( )

9. 문득 첫사랑이 생각났다. ( )

    문뜩 첫사랑이 생각났다. ( )

10. 빙판길에 차가 미끌어졌다. ( )

    빙판길에 차가 미끄러졌다. ( )

---

1. 맞혀서 2. 머라도/뭐라도 3. 매슥거려 4. 메운 5. 며칠일까요
6. 목메어 7. 무난하게 8. 무르팍에 9. 문득/문뜩 10. 미끄러졌다

미끄럽다

　　'얼굴이 너무 미끌거리네', '미끌대는 빙판길 조심하세요'와 같은 표현을 접한 적 있나요? 여기에 쓰인 '미끌거리다', '미끌대다'는 모두 북한어입니다. 우리나라에서는 표준 표기로 인정하지 않지요. 접사 '거리'와 '대'는 '미끌'에 결합하지 않습니다. 두 표현 모두 '미끄럽다'로 써야 합니다.

✦ 물걸레로 청소했더니 계단이 미끄럽네.

✦ 다치는 사람 없게 마른걸레로 닦아야겠다.

미덥다

일을 할 때 실수를 많이 하거나 일정을 지키지 못하는 사람은 신뢰하기 어렵습니다. 그럴 때 '그 사람은 일 처리가 미덥지 않다'라고 표현하지요. 여기에 쓰인 '미덥다'는 '믿음이 가는 데가 있다'라는 뜻입니다. '믿다'에 접사 '업'이 결합한 말이지요. 그래서 원형을 살려 '믿업다'라고 잘못 쓰기도 합니다. 원래 '업'은 다른 말을 형성하는 데 활발하게 쓰이지는 않습니다. 이럴 경우에는 소리대로 '미덥다'라고 쓰면 됩니다.

✦ 신입 사원이 미더우면서 불안하기도 해. 혼자 출장을 보내도 될까?

✦ 옆에서 보니 믿음직한데? 잘할 수 있을 거야.

바뀌었다

　　'친구랑 가방이 바꼈어', '얼굴이 바껴서 못 알아보겠네'처럼 '바뀌었다'를 줄여서 표현하는 경우를 자주 봅니다. 그런데 '바껴'는 틀린 표현입니다. '바뀌었다'의 준말은 없지요. 그러니 '바껴'는 없는 말이라고 생각하면 좋습니다. 예전 노래의 가사 중 "바꿔, 바꿔, 모든 걸 다 바꿔"가 있었는데 이때 '바꿔'는 맞는 표기입니다. '바꾸다'에 종결어미 '어'가 결합해서 줄어든 말이지요. '보아라'가 '봐라'로 줄어드는 것도 마찬가지입니다.

✦ 다큐멘터리를 보고 플라스틱 사용에 대한 생각이 바뀌었어.

✦ 조금 불편하더라도 플라스틱이나 일회용품 사용을 줄여야겠지?

바라다와
바래다

　　'네가 그 사람과 행복하기를 바래', '나의 바램은 우리 가족의 행복이다'에서처럼 '바라다'를 써야 할 자리에 '바래다'를 쓰는 경우가 많습니다. '바라다'는 '생각이나 바람대로 어떤 일이나 상태가 이루어지거나 그렇게 되었으면 하고 생각하다'라는 뜻을 지니고 있지요. 이 말의 활용형은 '바람', '바라'입니다. '바래다'는 '종이가 누렇게 바래다'처럼 '볕이나 습기를 받아 색이 변하다'라는 뜻으로 쓰입니다. 종종 욕심을 내는 사람에게 '바랄 걸 바래라'라고 따끔하게 말하지요. 이때 앞의 '바랄'은 맞지만 뒤의 '바래라'는 '바라라'라고 말해야 합니다.

✦ 그토록 바라던 내 집 마련을 하니 가슴이 벅차다.

✦ 축하해! 멋지게 꾸미면 더 기분 좋을 거야. 우선 이 바랜 벽지는 꼭 바꾸자.

반듯이와
반드시

'민주 정신을 반듯이 세우겠다'라는 문장은 맞을까요, 틀릴까요? 어떤 의미를 담느냐에 따라 다릅니다. '반듯이'는 '작은 물체, 또는 생각이나 행동 따위가 비뚤어지거나 기울거나 굽지 아니하고 바르게'라는 뜻을 지니고 있습니다. '반드시'는 '틀림없이 꼭'이라는 뜻이지요. 앞의 문장을 '정신을 굽힘 없이 바르게 세우겠다'라는 의미로 썼다면 맞는 표현이 됩니다. 그런데 '틀림없이 꼭'이라는 의미라면 '반드시'라고 써야 하지요. 발음은 같지만 의미는 전혀 다른 '반듯이'와 '반드시'를 잘 구별해서 쓰세요.

✦ 일을 할 때는 반드시 자세를 반듯이 해야 해.

✦ 올바른 자세가 집중력도 높여 주지.

반짇고리

'반짇고리'는 '바느질'과 '고리'가 합쳐져서 이루어진 말입니다. 그래서 사이시옷을 넣어 '반짓고리'로 잘못 쓰기도 하지요. 그런데 한글 맞춤법에는 끝소리가 'ㄹ'인 말과 다른 말이 어울릴 때 'ㄹ' 소리가 'ㄷ' 소리로 나면 'ㄷ' 소리로 적는다는 규정이 있습니다. 그래서 '반짇고리'도 소리대로 'ㄷ'으로 써야 하지요. '숟가락'도 마찬가지입니다. '술'과 '가락'이 합쳐져서 '숟가락'이 되었지요. '젓가락'은 '저'에 사이시옷이 결합한 말입니다.

✦ 새로 산 옷에 여분 단추가 들어 있었어.

✦ 반짇고리에 넣어 놔. 혹시 단추가 떨어져 없어지면 여분 단추를 달 수 있게.

받치다와
바치다

　　우리말에는 발음이 비슷해서 표기도 헷갈리는 말이 꽤 많습니다. '받치다'와 '바치다'도 그런 경우입니다. '내 마음을 너에게 받치다', '쟁반을 바쳐 들다'처럼 잘못 쓰는 경우를 많이 볼 수 있지요. '받치다'는 '물건의 밑이나 옆 따위에 다른 물체를 대다', '어떤 일을 잘할 수 있도록 뒷받침해 주다' 등의 의미를 지니고 있습니다. '책받침'에서 그 뜻을 확인할 수 있지요. '바치다'는 '신이나 웃어른에게 정중하게 드리다', '무엇을 위하여 모든 것을 아낌없이 내놓거나 쓰다' 등의 의미로 쓰입니다. '신에게 제물을 바치다', '과학 연구에 평생을 바치다'처럼 쓰지요. '바치다'의 명사형은 '바침'입니다.

✦ 나를 든든하게 받쳐 주신 부모님께 효도하려면 꼭 좋은 성적표를 바쳐야지.

✦ 그래, 부모님께서 좋아하실 거야.

발그레하다

'에'와 '애'는 우리를 난감하게 만들곤 합니다. 발음이 비슷해서 '에'와 '애' 중 무엇이 맞는 표기인지 헷갈리지요. '발그레하다'도 마찬가지입니다. '발그레하다'는 '엷게 발그스름하다'라는 뜻입니다. 의태어 '발그레'에 '하다'가 결합한 말이지요. 조금 더 무거운 상황에서는 '벌그레하다'라고 씁니다.

✦ 어제 소개팅했다며. 어땠어?
✦ 발그레한 볼이 귀여워서 계속 생각나.

배불뚝이

발음대로 써서 틀리는 말 중에 '배불뚜기'가 있습니다. 맞는 표기는 '배불뚝이'지요. '배', '불뚝', '이'가 결합한 말입니다. 접사 '이'는 '사람이나 사물'을 나타냅니다. '오뚝이', '뚱뚱이'와 같은 말에서 확인할 수 있지요. '배불뚝이'는 '배가 불뚝하게 나온 사람을 낮잡아 이르는 말'입니다. '배뚱뚱이', '배부장나리'와 같은 말도 있습니다. 다른 사람을 낮잡아 부르는 말은 되도록 사용하지 않으면 좋겠지요?

✦ 방학에 계속 먹고 자고 했더니 배불뚝이가 됐어.

✦ 내일부터 아침에 30분씩 달리기를 해 봐.

베개

'베개'는 두 글자에 비슷한 발음의 'ㅔ'와 'ㅐ'가 모두 들어가서 자주 틀리는 말입니다. 그래서 글씨로 써야 할 때면 사전을 찾아 정확한 표기를 찾아보곤 하지요. 베개가 어떨 때 쓰는 물건인지 생각하면 맞춤법도 쉽습니다. '베개'는 '베다'에 '개'가 결합한 말입니다. 이때 '개'는 '물건'을 뜻하는 접사이지요. 접사 '개'는 '지우개', '조리개', '종이찍개' 등에서도 확인할 수 있습니다. '게'는 접사로 쓰이지 않습니다. 따라서 접사가 결합된 말이라면 '개'를 쓰면 됩니다. 베개의 방언으로는 '비개', '볘개' 등이 있으며 옛말은 '벼개'입니다.

✦ 새로 산 베개가 높은가? 자고 일어나니 목이 아프네.

✦ 오늘은 나랑 베개를 바꿔서 잘래?

자주 헷갈리는
맞춤법
확인 문제

앞에서 익힌 바른 표기를 잘 기억하고 있는지 확인해 볼까요?
맞는 표기에 동그라미를 해 보세요.

1. 바닥에 기름이 쏟아져서 미끄러워. ( )
   바닥에 기름이 쏟아져서 미끌거려. ( )

2. 새로운 아르바이트생이 미덥지가 않네. ( )
   새로운 아르바이트생이 믿업지가 않네. ( )

3. 친구 애인이 바꼈잖아. ( )
   친구 애인이 바뀌었잖아. ( )

4. 네가 친구와 화해하기 바라. ( )
   네가 친구와 화해하기 바래. ( )

5. 퇴근길에 반드시 전화해야 돼. (   )

   퇴근길에 반듯이 전화해야 돼. (   )

6. 요즘은 반짓고리를 잘 가지고 다니지 않아. (   )

   요즘은 반짇고리를 잘 가지고 다니지 않아. (   )

7. 나무가 기울어졌어도 지붕을 잘 받치고 있다. (   )

   나무가 기울어졌어도 지붕을 잘 바치고 있다. (   )

8. 추운 곳에 있어서 코가 발그래해졌다. (   )

   추운 곳에 있어서 코가 발그레해졌다. (   )

9. 중년이 돼서 배불뚝이가 되어 버렸어. (   )

   중년이 돼서 배불뚜기가 되어 버렸어. (   )

10. 베게는 항상 깨끗해야지. (   )

    베개는 항상 깨끗해야지. (   )

---

1. 미끄러워 2. 미덥지가 3. 바뀌었잖아 4. 바라 5. 반드시 6. 반짇고리를
7. 받치고 8. 발그래해졌다 9. 배불뚝이가 10. 베개는

별의별

흔치 않은 일이 생길 때면 '별의별 일이 다 있다'라고 표현하곤 합니다. 이때 '별의별'은 [벼레별]로 발음하여 '별에별'로 잘못 쓰곤 하는 말입니다. '별의별'은 '보통과 다른 갖가지의'라는 뜻을 지닌 말입니다. 발음은 [벼릐별], [벼레별]로 하지요. 조사 '의'는 [에]도 표준 발음이지요. '별의별別의別'은 한자와 조사가 결합해서 이루어진 말입니다. 한자만 써서 '별별別別'로 쓰기도 하지요. 조사 '의'를 기억하면 올바르게 쓸 수 있습니다.

✦ 잡화점에 갔더니 별의별 물건을 다 팔더라.

✦ 구경하기 재미있었겠다.

보다시피

원형을 살려 적으려다 잘못 표기하는 말들이 있습니다. '보다시피', '보다싶이'가 그 예이지요. '보다시피'가 '보다'에 '싶이'가 결합된 말이라고 착각해 '보다싶이'로 잘못 쓰는 것입니다. '보다시피'는 '보다'에 어미 '다시피'가 결합한 말입니다. '다시피'는 '-는 바와 같이'라는 뜻을 나타내는 연결어미입니다. 이 연결어미가 결합된 말로 '알다시피', '느끼다시피', '짐작하다시피' 등이 있습니다. 이 말들은 모두 무언가를 지각함을 나타낸다는 특징이 있습니다.

✦ 같이 짐을 옮겨 줄 수 있어?

✦ 미안해. 보다시피 나도 양손에 짐이 많아서. 10분만 기다려 주면 이 짐을 가져다 놓고 도와줄게.

보로통하다

모음조화는 양성모음은 양성모음끼리, 음성모음은 음성모음끼리 어울려 쓰는 현상을 말합니다. 그런데 현대에서 모음조화가 파괴된 말이 많아 모음조화가 지켜진 말인지 아닌지 헷갈릴 때가 있지요. '보로통하다'도 사람들이 자주 틀리는 말입니다. '보로통하다'는 '불만스럽거나 못마땅하여 성난 빛이 얼굴에 조금 나타나 있다'의 의미를 지니고 있습니다. 이 말을 가끔 '보루퉁하다'라고 잘못 쓰지요. 하지만 '보로통하다'는 모음조화가 지켜지는 말입니다. '보로통하다'보다 더 강한 의미로 전달하고 싶다면 '부루퉁하다'를 쓰면 됩니다. 음성모음이 더 강도가 높은 상태를 드러내지요.

✦ 왜 밥을 안 먹어? 엄마가 새 휴대전화를 안 사 준다고 해서 지금 보로통하게 있는 거야?

✦ 네, 정말 갖고 싶은데 좀 사 주시면 안 돼요? 이번 시험에 성적 꼭 올릴게요!

복숭아뼈와 복사뼈

표준어가 아닌 말을 사람들이 두루 쓰면 표준어로 등재되기도 합니다. 앞에서도 여러 예시를 살펴보았지요. '복숭아뼈'도 그렇습니다. 원래 '복사뼈'만 표준어였다가 2011년에 '복숭아뼈'도 표준어로 등재됐습니다. '발목 부근에 안팎으로 둥글게 나온 뼈'를 의미하는 '복숭아뼈'는 그 모양이 복숭아씨 모양과 비슷해 만들어진 말입니다. '복사뼈'의 '복사'는 '복숭아'의 준말로 순우리말입니다.

✦ 바람이 많이 부네. 복사뼈가 드러나는 바지를 입었더니 춥다.

✦ 긴 양말 한 켤레 있는데 빌려줄까? 복숭아뼈까지 충분히 덮을 거야.

(본떠)

　　'사람 얼굴을 본따 만든 로봇'처럼 '본떠'를 '본따'
로 잘못 쓰는 경우를 많이 봅니다. 많은 이가 '본'에 '이름이나 뜻
을 취하여 그와 같게 하다'의 '따다'가 결합한 것으로 잘못 생각
하기 때문입니다. 이때는 '본떠'로 써야 맞습니다. '이미 있는 대
상을 본으로 삼아 그대로 좇아 만들다'라는 의미를 지닌 '본뜨
다'가 기본형이기 때문이지요. '본뜨다'가 활용할 때는 모음조화
에 따라 어간 '본뜨'에 어미 '어'가 결합합니다. 'ㅡ'가 탈락하고
'ㄸ'에 'ㅓ'가 결합하는 것이지요.

　✦　고양이 얼굴을 본떠 캐릭터를 만들면 귀여울 것 같아.

　✦　캐릭터 이름은 내 이름을 따서 만들어 줘.

(뵈다)

　　조부모님이나 은사님께 인사드리러 갈 때면 어떤 표기를 써야 하는지 헷갈립니다. '시아버님을 뵈다'인지, '시아버님을 봬다'인지 고민하곤 하지요. '웃어른을 대하여 보다'라는 의미를 지닌 말의 바른 표기는 '뵈다'입니다. '봬다'로 쓰면 언제나 틀립니다. '봬'는 '뵈어'의 준말이기 때문입니다. '시아버님을 봬어('뵈었어'의 준말)로 쓰면 맞습니다. 같은 뜻을 갖는 '뵙다'는 '뵈다'보다 더 겸양의 의미를 지니고 있어서 화자를 더 낮추는 말입니다. 또한 '뵙다'는 자음 어미와만 결합해 '뵙게 되어', '뵙고자'처럼 씁니다.

✦ 추석에 다른 지방에 가?

✦ 응, 추석에 할머니를 뵈러 가야 해.

(부끄러운)

윤동주의 시 〈참회록〉에는 "왜 그런 부끄런 고백을 했던가"라는 구절이 나옵니다. 그래서인지 많은 사람이 '부끄러운' 대신 '부끄런'을 쓰곤 합니다. 하지만 이는 잘못된 표현입니다. 바른 표기는 '부끄러운'이지요. 시에서는 시적 허용으로 표준 표기에 맞지 않는 표현을 쓸 수 있지만, 일상생활에서는 맞는 표기를 써야 합니다. '곱다'에 '은'이 결합하는 경우에 '곤'으로 쓰지 않고 '고운'으로 쓰듯이 '부끄러운'으로 써야 합니다. 마찬가지로 '자랑스런', '사랑스런'은 틀린 표기로 '자랑스러운', '사랑스러운'이라고 해야 합니다.

✦ 한글이 과학적인 글자라고 세계에서 인정을 받았는데, 우리나라에는 외국어로 쓰인 간판이 더 많네요.

✦ 그러게요. 참 부끄러운 일이에요.

부딪히다와
부딪치다

'길을 가다가 달려오는 차와 부딪히다', '길을 가다가 달려오는 차와 부딪치다' 중 무엇이 맞을까요? 또 다른 문제! '서 있는데 달려오는 차에 부딪히다', '서 있는데 달려오는 차에 부딪치다' 중 무엇이 맞을까요?

'부딪히다'와 '부딪치다'는 발음이 비슷해서 많이 헷갈리지요. '부딪히다'는 '부딪다'의 피동사입니다. 즉, 당한다는 의미가 있어서 주로 조사 '에'와 함께 쓰입니다. '부딪히다'는 주체의 의지나 행위 때문이기보다는 다른 대상 때문에 일어나는 상황에서 쓰이는 표현이지요. 주체는 주로 멈추어 있거나 사건 발생의 원인이 되지 않습니다.

한편 '부딪치다'는 '부딪다'를 강조하는 말입니다. '부딪다'의 사전적 의미는 '무엇과 무엇이 힘 있게 마주 닿거나 마주 대다. 또는 닿거나 대게 하다'입니다. 강조의 의미가 더해질 뿐이지요. 이때는 '부딪히다'와 달리 주로 주체가 움직입니다.

주체가 움직이지 않고 대상에 당하는 상황에는 '부딪히다', 주체가 움직여 대상과 마주 대는 상황에는 '부딪치다'를 쓰세요.

✦ 골목에 앉아 있는데 달려오는 아이에게 부딪혔어.

✦ 괜찮아? 그 골목이 좁은 편이라서 지나다니는 사람들
도 자주 부딪치곤 해.

부리나케

　　어원을 짐작할 수 있어도 어원에서 멀어진 형태가 굳어져서 널리 쓰이면 그 말을 표준어로 삼습니다. '불이 나다'에서 유래한 말인 '부리나케'도 그런 예이지요. '불이나게', '부리나게', '불나게' 등 여러 지역에서 다양하게 표현하고 있는데 표준어는 '부리나케'입니다. 이처럼 어원에서 멀어진 말에는 '강낭콩'과 '사글세'도 있습니다. 원래 '강남콩'과 '삭월세'였으나 어원에서 멀어진 형태가 굳어졌지요.

✦ 약속 시간에 늦을까 봐 수업이 끝나자마자 부리나케 달려왔어.

✦ 숨차겠다. 물 좀 마셔.

부수다와
부시다

"다 부숴 버릴 거야." 한 인기 드라마의 유명한 대사입니다. 이 문장에 쓰인 '부수다'와 '부시다'를 혼동해서 사용하는 경우가 많습니다. "다 부셔 버릴 거야"라고 말하는 사람들도 있지요. '부수다'는 '단단한 물체를 여러 조각이 나게 두드려 깨뜨리다', '만들어진 물건을 두드리거나 깨뜨려 못 쓰게 만들다'라는 의미를 지니고 있습니다. '부시다'는 '빛이나 색채가 강렬하여 마주 보기가 어려운 상태에 있다', '그릇 따위를 씻어 깨끗하게 하다'라는 뜻을 갖고 있지요. 뜻을 보면 알 수 있듯이 '다 부셔 버릴 거야'는 틀린 표현입니다.

✦ 커튼을 칠까? 햇빛 때문에 눈이 부시네.

✦ 그러자. 앞에 있는 건물을 부쉈더니 햇빛이 더 많이 들어오나 봐.

자주 헷갈리는
맞춤법
확인 문제

앞에서 익힌 바른 표기를 잘 기억하고 있는지 확인해 볼까요?
맞는 표기에 동그라미를 해 보세요.

1. 장사를 하다 보면 별에별 손님을 만난다. (   )
   장사를 하다 보면 별의별 손님을 만난다. (   )

2. 보다싶이 기둥에 철근이 빠져 있어요. (   )
   보다시피 기둥에 철근이 빠져 있어요. (   )

3. 심술이 나서 보로통하게 앉아 있다. (   )
   심술이 나서 보루퉁하게 앉아 있다. (   )

4. 교통사고로 복숭아뼈에 금이 갔다. (   )
   교통사고로 복사뼈에 금이 갔다. (   )

5. 다른 캐릭터를 본따 만들면 위법하다. (　)

   다른 캐릭터를 본떠 만들면 위법하다. (　)

6. 어른을 뵈면 먼저 인사를 해야지. (　)

   어른을 봬면 먼저 인사를 해야지. (　)

7. 부끄런 어른은 되지 말자. (　)

   부끄러운 어른은 되지 말자. (　)

8. 길을 가다가 다가오던 사람과 부딪혀서 넘어졌다. (　)

   길을 가다가 다가오던 사람과 부딪쳐서 넘어졌다. (　)

9. 도둑이 부리나케 달아났다. (　)

   도둑이 불이나게 달아났다. (　)

10. 날선 말이 내 마음을 부셔 버렸다. (　)

    날선 말이 내 마음을 부숴 버렸다. (　)

---

1. 별의별 2. 보다시피 3. 보로통하게 4. 복숭아뼈에/복사뼈에 5. 본떠
6. 뵈면 7. 부끄러운 8. 부딪쳐서 9. 부리나케 10. 부숴 버렸다

(부스스)

       의태어나 의성어에도 잘못된 발음이 틀린 표기로 이어지는 경우가 많습니다. '부스스'가 대표적입니다. '부스스'는 '머리카락이나 털 따위가 몹시 어지럽게 일어나거나 흐트러져 있는 모양', '누웠거나 앉았다가 느리게 슬그머니 일어나는 모양'을 나타내는 말입니다. 같은 뜻을 가진 말로 '푸시시'도 있지요. 종종 '부스스'를 '부시시', '부시시하다'로 쓰기도 합니다. 그런데 이는 잘못된 표기입니다. 사람들이 '부시시'를 두루 쓰게 되면 언젠가 표준어로 등재될 수도 있겠지요. 하지만 현재 표준 표기는 '부스스'이니 규범에 맞게 쓰길 바랍니다.

✦ 몇 시인데 아직도 자고 있어? 얼른 부스스 헝클어진 머리 좀 정리해.

✦ 과제하느라 어제 늦게 잤단 말이야. 30분만 더 잘게.

부조금

결혼식에 갈 때 꼭 챙겨야 하는 것이 있습니다. 바로 축하의 의미를 담은 돈이지요. 그런데 이때 쓰는 표현이 '부조금'인지 '부주금'인지 헷갈리곤 합니다. 사람들이 [부주]라고 발음해서 이러한 혼동이 생긴 것이지요. '부조금'은 한자어로 '扶助金'으로 쓰며 어원이 분명한 말입니다. 어원이 분명하게 남아 있는 말은 원래 형태를 그대로 써야 합니다. 따라서 '부주금'이 아니라 '부조금'이 맞는 표기이지요. 이와 같은 예로 '삼촌', '사돈'이 있습니다. '삼춘', '사둔'은 틀린 표기입니다.

✦ 회사 과장님이 결혼하시는데 부조금을 얼마나 드려야 할까?

✦ 동기들도 같은 고민을 하고 있지 않을까? 동기들과 의논해 봐.

부항

어깨가 결리거나 허리 근육이 당길 때면 한의원을 갑니다. 한의원에서 동그란 기구를 활용해 울혈을 일으켜 치료하곤 하지요. 이 치료 요법을 '부항'이라고 합니다. '부항附缸'은 '붙을 부, 항아리 항'이라는 한자들이 결합한 말입니다. 몸에 붙이는 동그란 기구를 항아리라고 재미있게 표현한 말이지요. 그런데 많은 사람이 [부황]이라고 잘못 발음하고 그대로 '부황'이라고 쓰곤 합니다. '부황'이라는 틀린 표기에는 그 재미있는 뜻이 담겨 있지 않습니다. 정확하게 '부항'으로 씁시다.

✦ 허리에 동그란 자국들이 있네. 이 자국은 뭐야?

✦ 무거운 짐을 들다가 허리 근육이 놀랐는지 아파서 한의원에 가서 부항을 떴어.

북엇국

술을 마신 다음 날 아침에는 해장 음식을 먹고 싶지요. 우리나라에서 대표적인 해장 음식으로 '북엇국'이 있습니다. 간혹 '북엇국'을 '북어국'으로 잘못 쓰곤 합니다. 사이시옷을 빼고 표기하는 것이지요. '북엇국'은 한자어 '북어'에 고유어 '국'이 결합한 합성명사입니다. 뒤의 '국'은 [꾹]으로 발음되지요. 앞말이 모음으로 끝났으니 사이시옷을 넣을 자리도 있습니다. '북엇국'은 사이시옷을 표기하는 규정에 정확하게 맞는 말이지요. '국'이 붙는 음식 중에서 앞말이 모음으로 끝나고 '국'이 [꾹]으로 소리 나면 사이시옷을 넣는다고 외워 두면 틀릴 일이 줄어듭니다.

✦ 북엇국을 먹으니까 속이 풀린다.

✦ 앞으로는 술을 조금만 마셔.

불리다

　　'명소로 불리다', '명소로 불리우다' 중 어떤 표현이 맞을까요? 접사를 넣어 새로운 말을 만들 때 둘 이상의 접사를 넣기도 합니다. '불리우다'도 그러한 경우이지요. '부르다'에 접사 '이'와 '우'를 결합한 표현입니다. 그런데 '불리우다'는 틀린 표현으로 '불리다'로 써야 합니다. '불리다'는 '무엇이라고 가리켜 말하거나 이름을 붙이다'라는 뜻을 지닌 '부르다'의 피동형입니다. '불리우다'가 틀렸듯이 이중 피동형인 '불리어지다'도 틀린 표현입니다.

✦　경수는 프랑스어도 곧잘 한다면서?

✦　어릴 때 동네 사람들한테 언어 천재라고 불렸대.

붓다와
붇다

　　라면을 먹고 잔 다음 날이면 눈이 팅팅 붓곤 합니다. 그럴 때면 '오늘 얼굴이 부었다'라고 표현하지요. 그렇다면 '밤마다 야식을 먹어서 몸이 부었어', '밤마다 야식을 먹어서 몸이 불었어' 중에는 어떤 표현이 맞을까요? 두 문장은 맥락에 따라 맞을 수도 있고 틀릴 수도 있습니다.

　　'부었어'의 기본형은 '붓다'입니다. '살가죽이나 어떤 기관이 부풀어 오르다'라는 의미지요. '다리가 통통 붓다'처럼 쓸 수 있습니다. 밤에 짠 음식을 먹어서 몸이 수분을 흡수했다면 몸이 부을 수 있지요.

　　'불었다'의 기본형은 '붇다'입니다. '살이 찌다'라는 의미지요. 밤마다 야식을 먹으면 당연히 체중이 늘겠지요? 이런 의미라면 '몸이 불었어'라고 써도 맞습니다.

　　'붓다'는 겉모습이 부풀어 오를 때 쓰고 '붇다'는 몸무게, 빚처럼 수치적으로 느는 것이 있을 때 씁니다. '붓다'와 '붇다'의 뜻이 어떻게 다른지 확인했으니 앞으로는 상황에 따라 바르게 쓰세요.

✦ 어제 하루 종일 걸었더니 발이 부었어.

✦ 족욕을 해 봐. 피로가 풀릴 거야. 나는 여행을 가서 많이 먹었더니 몸이 불었더라고. 오늘부터 많이 걸어야겠다.

뻐꾸기

〈새타령〉이라는 노래를 들어 봤나요? 이 노래에 "이 산으로 가면 쑥꾹 쑥꾹"이라는 가사가 나옵니다. 여기서 쑥꾹 쑥꾹 우는 쑥꾹새가 바로 뻐꾸기입니다. 충남에서 뻐꾸기를 쑥꾹새라고 불렀지요. '뻐꾸기'는 '뻐꾹'이라는 의성어에 '이'라는 접사가 붙어서 이루어진 말입니다. 그래서 '뻐꾹이'라고 자주 쓰이곤 하지요. 그런데 '뻐꾹이'는 틀린 표기입니다. 소리대로 '뻐꾸기'로 써야 하지요. 옛 문헌에는 '벅구기'라는 말이 나오기도 합니다.

✦ 편안히 앉아서 바람도 느끼고 뻐꾸기 소리도 들으니까 참 좋다.

✦ 야영의 묘미가 이런 거지. 자연을 온몸으로 느끼고 바쁜 일상을 보낼 힘을 충전하는 것!

뻔쩍뻔쩍

번개, 환한 조명, 반지나 목걸이처럼 밝고 강한 빛을 내거나 빛을 반사해 눈부시게 보이면 '뻔쩍뻔쩍', '반짝반짝'이라는 표현을 씁니다. '뻔쩍뻔쩍'은 '큰 빛이 잇따라 잠깐 나타났다가 사라지는 모양'을 뜻하는 말입니다. 작은 빛을 표현하고 싶을 때는 '반짝반짝', '빤짝빤짝'이라고 쓰지요. 그런데 이를 '삐까뻔쩍'으로 잘못 쓰는 경우가 많습니다. 대중가요의 노랫말에도 쓰이지요. '삐까'는 '번쩍'을 의미하는 일본어 'ぴか'에서 온 말입니다. 아직도 우리 주변에 일본어 표현이 많지요. 인공 가죽을 의미하는 '레자'는 영어 'leather'의 일본어 발음대로 쓴 말입니다. 바른 표기는 '인조가죽'입니다. 바른 우리말을 씁시다.

✦ 어제 가요 시상식 봤어? 연말 공연이라 신경을 많이 썼더라. 조명도 뻔쩍뻔쩍 멋있었어.

✦ 응, 봤어. 조명이 뻔쩍뻔쩍하니까 가수들의 의상도 더 반짝반짝 빛났어.

뻗치다

　'그 일만 생각하면 머리가 뻗치고 스트레스 받아'
라는 문장에서 '뻗치다'는 '뻗다'를 강조한 말입니다. 가끔 '뻣치
다'로 잘못 쓰는 사람도 있지요. '뻗다'는 '벋다'보다 센 느낌을 주
는 말입니다. 그래서인지 일상생활에서 '뻗다'를 '벋다'보다 많이
쓰지요. '산줄기가 벋어 나가다'로 쓰기도 하지만, 좀 더 힘찬 느
낌을 주려고 '산줄기가 뻗어 나가다'로 많이 쓰듯이 말입니다.

✦ 마약 범죄의 손길이 뻗치지 않게 우리 아이들을 보호
　해야 해요.

✦ 맞아요. 요즘 우리 주변에까지 마약 조직이 뻗쳐 있다
　고 하더라고요.

삐지다와
삐치다

우리는 성나거나 못마땅해서 마음이 토라졌을 때 '삐지다'와 '삐치다'라는 표현을 씁니다. '하루 종일 삐져서 말을 안 해요', '왜 그렇게 삐쳤대?'처럼 쓰지요. 현재 두 표현은 모두 바른 표기입니다. 원래 '삐치다'만 표준어였는데 사람들이 '삐치다'와 함께 '삐지다'도 많이 써서 2014년에 '삐지다'도 표준어로 등재됐습니다. 그러니 두 표현 중 쓰고 싶은 말을 사용하면 됩니다. 2014년에 표준어로 등재된 말 중에는 '개기다'도 있습니다. 이 말은 '명령이나 지시를 따르지 않고 버티거나 반항하다'라는 뜻의 속된 말입니다. 원래 '개개다'가 표준어였으나 '삐지다'처럼 많은 사람이 '개기다'를 사용해 표준어가 되었습니다.

✦ 친구가 앞머리를 자른 게 귀여워서 장난을 쳤는데 기분이 나빴는지 삐졌어.

✦ 장난은 서로 기분 좋게 끝냈을 때 장난인 거야. 상대가 삐칠 정도로 놀리면 안 되지.

자주 헷갈리는
맞춤법
확인 문제

✦ 10

✦

앞에서 익힌 바른 표기를 잘 기억하고 있는지 확인해 볼까요?
맞는 표기에 동그라미를 해 보세요.

1. 아침에는 누구나 부시시하지. (　　)
   아침에는 누구나 부스스하지. (　　)

2. 자식의 결혼식 부주금은 부모님 것이야. (　　)
   자식의 결혼식 부조금은 부모님 것이야. (　　)

3. 어깨가 결릴 때 강한 부황이 좋아. (　　)
   어깨가 결릴 때 강한 부항이 좋아. (　　)

4. 해장으로 북어국이 제격이지. (　　)
   해장으로 북엇국이 제격이지. (　　)

5. 영재를 넘어 천재로 불리우던 사람. (　)

　영재를 넘어 천재로 불리던 사람. (　)

6. 오래 서 있으면 종아리가 붓는다. (　)

　오래 서 있으면 종아리가 붙는다. (　)

7. 뻐꾸기시계가 집에 있었다. (　)

　뻐꾹이시계가 집에 있었다. (　)

8. 황금 궁처럼 삐까삔쩍하게 꾸며 놓았네. (　)

　황금 궁처럼 삔쩍삔쩍하게 꾸며 놓았네. (　)

9. 악당이 주인공에게 유혹의 손길을 뻣쳤다. (　)

　악당이 주인공에게 유혹의 손길을 뻗쳤다. (　)

10. 꾸중을 듣고 한참을 삐져 있었다. (　)

　꾸중을 듣고 한참을 삐쳐 있었다. (　)

사랑니

        밥을 먹을 때 이로 음식물을 잘게 씹어 삼킵니다. '이'는 '무엇을 물거나 음식물을 씹는 역할을 하는 기관'을 말합니다. 그래서 간혹 '사랑이'처럼 쓰곤 하지요. '이'의 옛말은 '니'입니다. 그래서 '앞니', '사랑니', '어금니'처럼 '이'가 들어가는 합성어에 '니'로 쓰는 경우가 많습니다. 사람에게 '이빨'이라는 표현도 많이 쓰는데, '이빨'은 '이'를 낮잡아 이르는 말입니다. '이빨'보다는 '이'라고 말하는 게 좋지요. '이빨'은 '누런 이빨'처럼 비하하거나 '호랑이 이빨'처럼 동물의 기관을 나타낼 때 써야 합니다.

✦ 오늘 저녁에 뷔페에 갈래?

✦ 아니, 아침에 사랑니를 뽑아서 입맛이 없어.

살코기

'살코기'는 '살'과 '고기'가 결합해서 이루어진 말입니다. 그래서 '살코기'가 아닌 '살고기'로 쓰기도 하지요. '살코기'는 '기름기나 힘줄, 뼈 따위를 발라낸, 순살로만 된 고기'를 말합니다. 원래 '살'은 'ㅎ' 종성 체언, 즉 '삻'처럼 'ㅎ'이 받침으로 있었던 말입니다. 'ㅎ'이 흔적으로 남아 합성명사가 될 때 자신의 흔적을 드러내는 것이지요. 예로부터 굳어진 표현이고 [살코기]로 발음하기에 '살코기'로 써야 합니다. 마찬가지로 '암탉'도 '암'과 '닭'이 결합한 말인데, 둘이 합쳐지면서 '암'의 'ㅎ'이 흔적으로 남아 '탉'이 되었습니다.

✦ 우리는 살을 빼야 하니까 지방 없는 살코기를 사는 게 좋겠지?

✦ 응, 살코기로 사자.

삼가다

무언가를 조심하거나 자제해야 할 때 '몸가짐을 삼가하도록', '외출을 삼가해야 해'와 같이 '삼가하다'라고 자주 표현합니다. 그런데 이는 틀린 표현입니다. '삼가하다'라는 말은 없기 때문이지요. 바른 표기는 '삼가다'입니다. '삼가다'는 '몸가짐이나 언행을 조심하다', '꺼리는 마음으로 양이나 횟수가 지나치지 아니하도록 하다'라는 뜻을 갖고 있습니다. '삼가다'는 순우리말로 '삼가'에 '하다'가 결합한 형태가 아닙니다. 따라서 '삼가도록', '삼가야 해'라고 써야 합니다. 부사 '삼가'는 '겸손하고 조심하는 마음으로 정중하게'라는 뜻을 지닙니다. 주로 '삼가 명복을 빕니다'와 같은 겸양의 의미로 쓰지요.

✦ 염증을 치료해야 하니 한동안 술은 삼가야 합니다.

✦ 네, 알겠습니다.

새치름하다와
새초롬하다

'새치름하다'는 '쌀쌀맞게 시치미를 떼는 태도가 있다', '짐짓 쌀쌀한 기색을 꾸미다'라는 의미를 지닌 말입니다. '그 소녀는 새치름한 태도로 짝을 대했다'처럼 쓰이지요. 쌀쌀한 정도가 조금 덜할 때는 어떻게 쓸까요? 그때는 '새초롬하다'를 씁니다. '새초롬하다'는 2011년에 표준어로 등재된 말입니다. 그 전에는 틀린 표현이었지요. '새초롬하다'는 '새치름하다'와 비슷한 상황에서 쓰이나 정도가 조금 덜할 때 사용합니다. 양성모음은 보통 음성모음보다 강도가 덜할 때 쓰기에 '초롬'이 '치름'보다 정도가 덜하게 느껴지지요. 비슷한 형태의 말로 '시치름하다'가 있습니다. '시치름하다'는 '시치미를 떼고 꽤 태연한 태도로 있다'라는 뜻입니다. 여유 있는 태도를 보일 때 쓰지요.

✦ 짝사랑하는 친구한테 괜히 새치름하게 말하게 돼.

✦ 새초롬하게 있어도 친해지기 어려울 텐데…… . 내일부터는 심호흡하고 웃으며 인사부터 해 보는 게 어때?

생각건대

'내가 생각컨대 나 좀 멋있는 것 같아', '생각건대 앞으로 증시 상황이 좋아질 듯해'처럼 '생각하건대'의 준말로 '생각컨대'와 '생각건대'를 혼용하곤 합니다. 둘 중 무엇이 맞는 표현일까요? '생각하건대'를 줄일 때는 '하건대' 앞에 울림소리(ㄴ, ㄹ, ㅁ, ㅇ, 모음)가 오는지를 보아야 합니다. 울림소리가 오면 '하'에서 'ㅎ'이 남고, 그렇지 않으면 '하'가 통째로 탈락합니다. 이 규칙에 따르면 '생각하건대'는 '생각건대'로 줄어들어야 합니다. 단, '요컨대'는 '건대'가 아닌 '컨대'로 써야 합니다. '컨대'는 주로 한자어 뒤에 결합되지요. '요컨대'는 한자어 '요要'에 '컨대'가 결합한 말입니다. '예例컨대', '원願컨대'도 '컨대'로 써야 합니다.

✦ 생각건대 이번 여행은 날씨가 중요할 것 같아.

✦ 그렇긴 한데 비가 오면 오는 대로 즐기고, 맑으면 맑은 대로 재미있게 놀다 오자.

서습지

준말에도 잘못 표기하는 말이 많습니다. 특히 'ㅎ'을 포함해 줄이는 실수를 많이 하지요. 대표적인 말로 '서습치'가 있습니다. '서습하지'의 준말로 생각해 '서습치'라고 쓰지요. 그러나 '서습다'라는 말은 있지만 '서습하다'라는 말은 없습니다. 그러니 '서습지'라고 써야 하지요. '서습'은 머뭇거리는 모양을 나타내는 말입니다. '서습거리다', '서습대다'처럼 쓰지요. 꼭 기억하세요. '서습'에 접사 '하다'는 결합하지 않습니다. '서습'이 모든 말과 결합하지 않는 것은 아닙니다. '없다'를 결합한 '서습없다'라는 표현이 있습니다. '말이나 행동에 망설임이나 거침이 없다'라는 뜻으로 '서습없이 일을 처리하다'처럼 씁니다.

✦ 너는 정말 의로운 사람이야. 그렇게 건장한 사람한테 서습지 않고 맞서는 사람은 없을걸.

✦ 자기가 새치기했으면서 그걸 지적한 할머니한테 욕을 하다니. 나는 그런 불의를 보면 참을 수 없어.

선짓국

사이시옷을 표기해야 할 때 이를 쓰지 않는 경우가 있습니다. '선짓국'을 '선지국'으로 쓰는 것이 그 예이지요. '선짓국'은 고유어 '선지'에 고유어 '국'이 결합한 합성명사이고, 뒤의 '국'이 [꾹]으로 발음됩니다. 사이시옷을 표기하는 규정에 정확하게 들어맞는 말이지요. 앞말이 모음으로 끝나 사이시옷을 넣을 자리도 있습니다. 앞에서 살펴본 '북엇국'과 같은 경우입니다. 앞말이 모음으로 끝나고 '국'이 결합해 '국'이 [꾹]으로 발음되면 사이시옷을 넣어 주세요.

✦ 점심에 선짓국 먹을래?

✦ 나는 선짓국 못 먹는데……. 국밥은 어때?

설렘

'설레이는 봄', '신학기의 설레임'이라는 표현을 일상생활에서 흔히 볼 수 있습니다. '설레임'이라는 아이스크림도 있지요. 그런데 '설레이다'라는 말은 없습니다. '설레이다', '설레임'은 틀린 표기이지요. '마음이 가라앉지 아니하고 들떠서 두근거리다'라는 뜻을 지닌 말의 바른 표기는 '설레다'입니다. 따라서 활용형도 '설레는', '설렘'이라고 써야 합니다.

✦ 내일부터 출근하기로 했어. 드디어 첫 출근이라니 가슴이 설레기까지 해.

✦ 축하해. 힘들고 지쳐도 그 설레는 마음을 꼭 끝까지 유지해야 해.

섬찟과
섬뜩

　　무서운 느낌이 들 때 '섬찟'이라는 표현을 쓰지요?
2014년 이전에 '섬찟'은 비표준어였습니다. '섬뜩'만 표준어였
지요. 그런데 사람들이 두루 쓰고 '섬뜩'과는 어감의 차이가 있
어 '섬찟'도 표준어에 등재됐습니다. '섬찟'은 '갑자기 소름이 끼
치도록 무시무시하고 끔찍한 느낌이 드는 모양'이라는 뜻을 지
닙니다. '섬뜩'도 비슷한 뜻인데 '섬찟'이 그 정도가 조금 더 센
표현입니다. 상황에 따라 두 표현 중 하나를 선택해 사용하면
됩니다.

✦ 폐가 앞을 지나는데 섬찟하더라고.
✦ 나도 밤에 학교 운동장에 간 적 있는데 섬뜩했어.

셋방과
전세방

'셋방'은 '세貰'와 '방房'이 결합한 한자어입니다. 둘 다 한자어이기에 사이시옷을 표기하면 안 되지만, '셋방'은 예외로 인정되는 단어입니다. 2음절 한자어 중 '숫자, 횟수, 셋방, 찻간, 곳간, 툇간'은 사이시옷이 표기되는 말이지요. '셋방'에 사이시옷이 있어 '전셋방'도 맞을 듯합니다. 하지만 이는 틀린 표기입니다. '전세방'으로 써야 하지요. '셋방'만이 예외이고 '전세방', '월세방'에는 사이시옷을 표기하지 않습니다. 단, '전셋집'에는 사이시옷을 넣어야 합니다. '집'이 고유어이기 때문에 사이시옷을 표기할 수 있습니다. '전셋값'에서도 '값'이 고유어라서 사이시옷을 표기해야 합니다.

✦ 셋방을 구해야 하는데 전세방은 찾기 힘들고 월세방만 있네.

✦ 요즘 전세방을 구하기가 어렵다더라. 주말에 부동산을 많이 다녀 봐.

✦ 10

✦

앞에서 익힌 바른 표기를 잘 기억하고 있는지 확인해 볼까요?
맞는 표기에 동그라미를 해 보세요.

1. 잇몸 깊숙이 있는 사랑니는 반드시 제거해야 한다. (   )
   잇몸 깊숙이 있는 사랑이는 반드시 제거해야 한다. (   )

2. 살코기만 발라내서 먹였다. (   )
   살고기만 발라내서 먹였다. (   )

3. 절에서는 행동을 삼가해야 한다. (   )
   절에서는 행동을 삼가야 한다. (   )

4. 낯을 가리는데 남들은 새치름하게 본다. (   )
   낯을 가리는데 남들은 새초롬하게 본다. (   )

5. 생각건대 선수단이 올림픽에서 좋은 성적을 올릴 것이다. ( )

   생각컨대 선수단이 올림픽에서 좋은 성적을 올릴 것이다. ( )

6. 부당한 일이 발생했을 때 서슴지 말고 말해 주세요. ( )

   부당한 일이 발생했을 때 서슴치 말고 말해 주세요. ( )

7. 유럽 사람이 선지국을 좋아하더라. ( )

   유럽 사람이 선짓국을 좋아하더라. ( )

8. 새로운 학기가 시작되면 설렘 지수가 상승한다. ( )

   새로운 학기가 시작되면 설레임 지수가 상승한다. ( )

9. 갑자기 나타나면 섬짓 놀라게 된다. ( )

   갑자기 나타나면 섬찟 놀라게 된다. ( )

10. 전셋방을 내놓았는데 잘 안 나가네. ( )

    전세방을 내놓았는데 잘 안 나가네. ( )

---

1. 사랑니는 2. 살코기만 3. 삼가야 4. 새치름하게/새초롬하게 5. 생각건
대 6. 서슴지 7. 선짓국을 8. 설렘 9. 섬찟 10. 전세방을

소주잔

　　사이시옷을 표기하려면 4가지 조건을 충족해야 합니다. 첫째, 합성명사일 것. 둘째, 두 요소 중 하나 이상이 고유어일 것. 셋째, 뒷말이 된소리로 변하거나 앞말과 뒷말 사이에 'ㄴ'이나 'ㄴㄴ' 소리가 첨가될 것. 넷째, 앞말이 모음으로 끝날 것. '소주'와 '잔'의 결합은 이 조건을 만족하는지 살펴볼까요? '소주燒酒'와 '잔盞'은 한자어입니다. 고유어가 없기에 [소주짠]으로 발음돼도 사이시옷을 넣을 수 없지요. 그래서 '소줏잔'으로 쓰면 틀립니다. '소주잔'이 맞지요. 마찬가지로 '맥주麥酒'도 한자어이기 때문에 '맥주잔'에는 사이시옷을 표기할 수 없습니다.

✦ 소주잔이 비었네. 한 잔 더 마실래?

✦ 아니야, 이제 그만 마실래.

속앓이와 속병

겉으로 드러내지 못하고 혼자 걱정할 때 '남몰래 속앓이하다'라고 표현합니다. 또 '음식을 잘못 먹어 속앓이하다'라는 표현도 쓰지요. 반면에 '속병하다'라는 말은 쓰지 않습니다. 그런데 원래 '속앓이'는 표준어가 아니었습니다. '속병'만 표준어였지요. 당연히 '속앓이하다'도 틀린 표현이었습니다. 그런데 '속앓이', '속앓이하다'까지 자주 쓰여서 2014년에 표준어로 등재됐지요. '속앓이하다'처럼 마음고생할 때 쓰는 표현으로 '가슴앓이하다'가 있습니다. '속'과 '가슴' 모두 마음을 뜻하는 말이지요. 그런데 '속앓이하다'가 '겉으로 드러내지 못하고 속으로 걱정하거나 괴로워하다'라는 뜻인 반면, '가슴앓이하다'는 '안타까워 마음속으로만 애달파하다'라는 뜻이기에 의미의 차이가 있습니다.

✦ 악성 후기 때문에 속앓이했어.

✦ 많이 힘들었겠다. 속병 생겨서 고생했겠네.

쇠다

명절, 생일, 기념일 같은 날을 맞이해 지낼 때 '쇠다'라는 말을 씁니다. 이때 '쇠'를 [쇠]나 [쉐]로 발음하지요. 그런데 이를 잘못 발음해 표기를 틀리기도 합니다. '명절을 세다', '명절을 새다', '명절을 쇄다'처럼 쓰지요. '명절을 쇠다', '설을 잘 쇠다'처럼 바르게 쓰길 바랍니다.

✦ 어디 가는 길이에요?

✦ 설을 쇠러 할아버지 댁에 가요.

시끌벅적

발음대로 써서 표기를 틀릴 때가 많습니다. '시끌벅적'도 그 예입니다. '시끌벅적'의 발음은 [시끌벅쩍]이지요. 그런데 'ㄱ, ㅂ' 받침 뒤에서 나는 된소리는 같은 음절이나 비슷한 음절이 겹쳐 나는 경우가 아니면 된소리로 적지 않는다는 한글 맞춤법 규정이 있습니다. 따라서 '시끌벅적'도 '시끌벅쩍'으로 쓰지 않지요. '시끌벅적'처럼 된소리로 나더라도 소리대로 적지 않는 말에 '뚝배기'와 '깍두기'가 있습니다. [뚝빼기], [깍뚜기]로 발음되지만 'ㄱ' 받침 뒤이고 비슷한 음절이 겹친 것이 아니니까 그냥 평음으로 쓰지요.

✦ 축제를 해서 동네가 시끌벅적하네.

✦ 우리도 구경하자.

시시덕거리다

  '계속 시시덕거리다', '계속 히히덕거리다'처럼 여럿이 실없이 웃으면서 조금 큰 소리로 계속 이야기할 때 '시시덕거리다'와 '히히덕거리다'를 씁니다. 그런데 '히히덕거리다'는 틀린 표현입니다. '시시덕거리다'를 잘못 쓴 표현이지요. 경남 방언으로 '히덕거리다'가 있습니다. '시시덕거리다'와 비슷한 표현으로는 '시시닥거리다'가 있습니다. 두 표현은 '덕'과 '닥'만 다르지요. 양성모음이 좀 더 가벼운 느낌을 주므로 '시시닥거리다'는 조금 작은 소리로 이야기할 때 쓸 수 있습니다.

✦ 수업 시간에 누가 시시덕거려?

✦ 죄송합니다.

시큰하다와
시큼하다

발음이 비슷해서 혼동되는 말들이 있습니다. '무릎이 시큰하다', '냄새가 시큼하다'에 쓰인 '시큰하다'와 '시큼하다'도 그렇지요. 발음 때문에 표기가 헷갈릴 때는 정확한 뜻을 아는 게 도움이 됩니다. '시큰하다'는 '관절 따위가 시다'라는 뜻을 지닙니다. '발목이 시큰하다', '콧날이 시큰하다'처럼 신체 관절과 관련되어 쓰이지요. 좀 덜한 경우에는 '시근하다'로 쓸 수 있습니다. '시큼하다'는 '맛이나 냄새 따위가 조금 시다'라는 뜻입니다. '시큼한 김치', '냄새가 시큼하다'처럼 맛이나 냄새와 관련해서 쓰지요. 좀 덜한 경우에는 '시금하다'를 씁니다.

✦ 어제 발목을 접질렀더니 시큰하네.

✦ 내가 찜질팩을 가져다줄게. 저녁은 시큼하게 익은 김치로 김치볶음밥을 해 먹을까?

신출내기

　　'ㅣ' 모음 역행동화 현상에 의한 발음은 원칙적으로 표준 발음으로 인정하지 않는다는 표준어 규정이 있습니다. '어미'를 '에미'로, '호랑이'를 '호랭이'로 발음한 것은 표준 발음으로 인정되지 않지요. 그런데 이 규정에는 예외가 있습니다. '신출내기'에 쓰인 '내기'가 그 예외에 해당합니다. '신출나기'가 아닌 '신출내기'가 맞지요. '신출내기'는 '어떤 일에 처음 나서서 일이 서투른 사람'을 뜻합니다. '내기'가 들어가는 말들은 원래 '나기'였어도 '내기'로 써야 합니다. '서울에서 태어나고 자란 사람'을 의미하는 '서울내기'와 '경험이 없어서 일에 서투른 사람'을 뜻하는 '풋내기'도 마찬가지입니다.

✦ 이 일을 몇 년이나 했어요?

✦ 저는 아직 신출내기입니다.

실뭉치와 실몽당이

　　실뭉치를 가지고 노는 고양이를 본 적이 있나요? 작은 발로 실뭉치를 여기저기 굴리며 노는 모습이 귀엽지요. 그런데 '실뭉치'는 원래 틀린 표현이었습니다. '실몽당이'로 써야 했지요. '실뭉치'의 의미는 '실을 한데 뭉치거나 감은 덩이'입니다. 꼭 둥근 모양이 아니어도 되지요. '실몽당이'는 '실을 풀기 좋게 공 모양으로 감은 뭉치'를 말합니다. 공 모양으로 정돈되게 감겨 있어야 하지요. 이처럼 둘의 의미가 달라서 2016년에 '실뭉치'도 표준어로 등재됐습니다.

✦ 실뭉치가 너무 뒤엉켜서 못 풀겠어.

✦ 동그랗게 실몽당이를 만들었으면 풀기가 아주 수월했을 텐데.

십상

일상생활에서 '그렇게 했다가는 호구로 취급받기 십상이야'라는 말을 종종 듣기도 하지요? 그런데 여기에 쓰인 '십상'을 '쉽상'으로 잘못 발음하고 표기하는 경우가 많습니다. '쉽다'와 관련지어 생각해 잘못 쓰지요. 마치 '그렇게 했다가는 호구로 취급받기 쉬워'처럼 생각하는 것입니다. 하지만 '쉽상'은 세상에 없는 말입니다. '십상'은 '열에 여덟이나 아홉 정도로 거의 예외가 없음'이라는 뜻입니다. '십상팔구十常八九'에서 비롯된 말이지요.

✦ 그렇게 얄밉게만 굴어. 아주 미움받기에 딱 십상이네.

✦ 내가 쉽게 언니 뜻대로 할 줄 알아? 나는 쉬운 사람이 아니야.

쌍둥이

모음조화는 양성모음은 양성모음끼리, 음성모음은 음성모음끼리 어울린다는 규칙입니다. 그래서 '더워', '고와'라고 하지 '더와', '고워'라고 하지 않지요. '퐁당퐁당', '풍덩풍덩'과 같은 음성 상징어에서도 모음조화가 두드러집니다. 그렇다면 '한 어머니에게서 한꺼번에 태어난 두 아이'를 뜻하는 말도 '쌍동이'가 맞지 않을까 생각할 수 있습니다. 그런데 '쌍동이'는 현재 틀린 표기입니다. '쌍둥이'라고 해야 맞지요. '쌍둥이'는 모음조화에서 멀어져 굳어진 말을 쓰는 예외 단어입니다. 같은 경우로 '깡충깡충', '발가숭이'가 있습니다.

✦ 친구가 쌍둥이를 낳았는데 너무 귀여워.

✦ 아기는 정말 예쁘지. 아기가 둘이나 같이 있으니 얼마나 귀여울까!

자주 헷갈리는
맞춤법
확인 문제

✦

앞에서 익힌 바른 표기를 잘 기억하고 있는지 확인해 볼까요?
맞는 표기에 동그라미를 해 보세요.

1. 캐릭터 소주잔이 인기이다. ( )
   캐릭터 소줏잔이 인기이다. ( )

2. 약을 먹었더니 속앓이가 사라졌다. ( )
   약을 먹었더니 속병이 사라졌다. ( )

3. 고향에서 명절을 새려고 열차를 예매했다. ( )
   고향에서 명절을 쇠려고 열차를 예매했다. ( )

4. 시골장이 모처럼 시끌벅쩍하다. ( )
   시골장이 모처럼 시끌벅적하다. ( )

5. 나만 빼고 히히덕거리니 **소외감이 느껴져.** (   )

    나만 빼고 시시덕거리니 **소외감이 느껴져.** (   )

6. **나이가 드니까 관절이** 시큰해. (   )

    나이가 드니까 관절이 시큼해. (   )

7. 신출내기지만 **아주 능력이 좋다.** (   )

    신출나기지만 **아주 능력이 좋다.** (   )

8. **요즘은** 실뭉치를 **보기 힘들어.** (   )

    요즘은 실뭉당이를 **보기 힘들어.** (   )

9. **옷차림이 선입견을 만들어 내기** 십상이다. (   )

    옷차림이 선입견을 만들어 내기 십상이다. (   )

10. 쌍둥이 **판다가 태어났다.** (   )

    쌍동이 **판다가 태어났다.** (   )

---

1. 소주잔이 2. 속앓이가/속병이 3. 쇠려고 4. 시끌벅적하다 5. 시시덕거리니
6. 시큰해 7. 신출내기지만 8. 실뭉치를/실뭉당이를 9. 십상이다 10. 쌍둥이

째고 쌨다

'ㅐ'와 'ㅔ' 중 무엇이 맞는지 헷갈리는 단어를 많이 살펴봤습니다. 이번에 볼 단어도 'ㅐ'와 'ㅔ' 때문에 헷갈리는 말입니다. '좋은 사람은 째고 쌨다', '좋은 사람은 쎄고 쎘다' 중 어떤 표기가 맞을까요? '쌓일 만큼 퍽 흔하고 많이 있는 것'을 말할 때는 '째고 쌨다'라고 써야 합니다. '쎄다'는 '세다'의 방언입니다.

✦ 한글 맞춤법을 틀리는 사람이 너무 째고 쌨어. 그만큼 어려운 거겠지?

✦ 그렇지. 평소에 사전을 찾아보는 습관을 가지면 맞춤법을 많이 틀리지 않을 거야.

쐬다

　　날씨가 좋아 나들이를 가고 싶을 때면 '바람 쐬러 가자'라고 말하곤 합니다. 이때 '쐬다'는 얼굴이나 몸에 바람이나 연기, 햇빛 등을 직접 받을 때 쓰는 말입니다. 그런데 많은 사람이 '쐬다'를 '쐐다'로 잘못 쓰곤 합니다. 'ㅚ'와 'ㅙ'를 혼동하는 예로 '쇠국정책'이 있습니다. '쇄국정책'이 맞는 표기이지요. '볕을 쐬다', '볕을 쏘이다'처럼 써서 '쐬다'를 '쏘이다'의 준말로 생각하는 사람들이 있습니다. '보이다'의 준말이 '뵈다'인 것처럼 말이지요. 하지만 그렇지 않습니다. 이미 15세기에 '쐬다'와 같이 'ㅚ'를 쓴 예들이 있기 때문이지요. 그래서 '쐬다'를 '쏘이다'의 준말로 보지 않고, 별개의 표기로 보고 있습니다.

✦　선풍기 바람을 쐬니까 시원하다.

✦　이제 정말 여름이 시작되려나 봐.

(아니에요)

　　'아니에요', '아니예요'도 많이 혼동합니다. '아니'
에 '에요'가 결합했는지, '아니'에 '이에요'가 결합했는지 헷갈리
기 때문이지요. '이'에 '에요'가 결합하면 '이에요'가 되고, 이것이
줄어들면 '예요'가 됩니다. '아니다'에는 '이다'의 활용형인 '이에
요'가 결합하지 못합니다. '아니다'의 '아니'에 '에요'가 결합해서
'아니에요'가 됩니다. 그러니 '아니예요'는 틀린 표기이지요. '예
요'는 받침이 없는 말 뒤에 쓰일 수 있습니다. '저건 내 거예요'처
럼 쓰지요. 그런데 받침이 있는 말 뒤에는 쓸 수 없습니다. '학생
예요'는 틀리고, '학생이에요'라고 써야 맞지요.

✦　혹시 이 그림을 살 수 있을까요?

✦　죄송합니다. 그건 파는 게 아니에요.

아니오와
아니요

'예', '아니요'로 답을 하는 간단한 설문 조사를 해 봤나요? 가끔 '아니오'로 적힌 설문지도 있지요. '아니요'와 '아니오' 중 무엇이 맞을까요? 묻는 말에 부정하여 대답할 때 쓰는 말은 '아니요'입니다. 반말체인 '아니'에 높임의 보조사 '요'가 결합한 말이지요. 대답의 대상이 높지 않다면 '요'를 생략하고 '아니'로만 답할 수 있습니다. '아니오'는 어간 '아니-'에 어미 '오'가 결합한 말입니다. 이때 '오'는 생략할 수 없으며 '나는 범인이 아니오'처럼 쓸 수 있습니다. '아니요'를 대답하는 상황에서만 쓰지는 않습니다. '이다', '아니다'의 어간 뒤에 붙어서 어떤 사물이나 사실 따위를 열거할 때 쓰는 연결어미 '요'를 결합해 '우리는 적이 아니요, 동반자랍니다'처럼 연결할 때도 씁니다.

✦ 6개월에 한 번 해외여행을 가나요?

✦ 아니요, 1년에 한 번 갑니다.

(아래층)

  뒷말의 평음(ㄱ, ㄷ, ㅂ, ㅅ, ㅈ)이 된소리(ㄲ, ㄸ, ㅃ, ㅆ, ㅉ)로 바뀌면 사이시옷 표기를 할 수 있습니다. 뒷말이 원래 된소리이거나 거센소리(ㅋ, ㅌ, ㅍ, ㅊ)라면 사이시옷 표기를 하지 않지요. '아래층'은 '아래'와 '층'이 합쳐진 말입니다. 원래 뒷말이 거센소리이기 때문에 '아랫층'은 틀린 표기입니다. '윗층'도 뒷말이 거센소리라서 '위층'이라고 써야 합니다.

 ✦ 아래층에서 이사 왔다고 떡을 줬어.

 ✦ 요즘에는 이사 와도 떡을 안 돌리던데 정이 많은 분이네. 우리도 인사할 겸 음료수를 갖다드리자.

(아무튼)

　　'아무튼'은 '어떻든'과 비슷한 말입니다. 둘 다 '의견이나 일의 성질, 형편, 상태 따위가 어떻게 되어 있든'이라는 뜻입니다. '아무튼'은 '아무러하든'이 줄어든 말이고 '어떻든'은 '어떠하든'이 줄어든 말입니다. '어떻든'은 원형을 살려서 표기하지만 '아무튼'은 소리대로 표기합니다. '아뭏든'은 잘못된 표기이지요. 그리고 '아무튼'은 '암튼'으로 줄여서 쓰기도 합니다. '어떻든'은 더 줄여 쓰지 않습니다. '어떻든'에서 '어떻'은 '어떻다', '어떻게'와 같은 다른 표현에서도 자주 볼 수 있습니다. 그래서 원형을 살려 표기하지요. '아무러하다'는 잘 쓰이지 않습니다. '아무렇게' 정도에서만 보입니다. 그래서 '아무튼'은 소리대로 쓰는 것이 편하기에 소리대로 표기하고 있지요. '아무튼'은 소리대로, '어떻든'은 원형을 살려서 쓴다고 기억해 두면 좋습니다.

✦　아무튼 나는 이번 오디션에 참가할래.

✦　시험 기간이랑 겹치는데 어떻게 하려고?

안절부절못하다

초조하고 불안한 마음에 다리를 떨고 손톱을 물어뜯거나 계속 왔다 갔다 한 적 있나요? 그럴 때 '왜 그렇게 안절부절하고 가만있지를 못하냐?', '안절부절하지 마'라는 말을 들어 본 적 있을 거예요. 그런데 '안절부절하다'는 틀린 표현입니다. 마음이 초조하고 불안해 어찌할 바를 모르는 상태에서 쓰는 말은 '안절부절못하다'입니다. 그런데 '안절부절못하다'를 모두 붙여 쓰지 않고 '안절부절 못하다'라고 띄어 쓰는 경우가 있는데 이 또한 잘못된 표기입니다. '안절부절못하다'는 합성어로서 모두 붙여 써야 합니다. 추가로 '안절부절못하다'의 부사 표현은 그냥 '안절부절'입니다. '안절부절 어쩔 줄을 모르다'처럼 사람들이 많이 사용하고 있어서 부정 표현을 붙이지 않아도 되도록 허용하고 있지요.

✦ 오늘 면접 합격자한테 연락해 준다고 했는데…….

✦ 안절부절못하며 서성이지 말고 여기 앉아 있어.

안치다와
앉히다

　　'안치다'와 '앉히다'는 발음이 비슷해서 혼동하는 말입니다. 둘 다 [안치다]로 발음하지요. '안치다'는 '밥, 떡, 찌개 따위를 만들기 위하여 그 재료를 솥이나 냄비 따위에 넣고 불 위에 올리다'라는 의미를 지니고 있습니다. '쌀을 안치다', '감자를 안치다'처럼 쓰지요. '앉히다'는 '앉다'의 사동사입니다. '아이를 의자에 앉히다', '친구를 옆에 앉히다'처럼 쓰지요. '안치다'는 음식, '앉히다'는 자리와 연결해 기억하면 좋습니다.

✦ 밥을 안쳤으니 반찬을 만들어야겠다.

✦ 나는 예솔이를 앉혀서 동화책을 읽어 주고 있을게.

안팎

    안과 밖, 위와 아래처럼 서로 다른 두 개를 묶어한 단어로 표현하기도 합니다. '교실 안팎을 청소하자', '교실 안밖을 청소하자' 중 맞는 표기는 무엇일까요? '안'과 '밖'이라는 말이 합쳐졌기에 '안밖'으로 써야 한다고 생각하는 사람들이 많습니다. 그런데 '안'의 옛말에는 'ㅎ' 받침이 있어서 '않'으로 쓰고 읽었습니다. 현대에서도 'ㅎ' 받침이 다른 말과 결합할 때 자신의 모습을 드러내서 '안팎'이 되지요. '수캐'도 마찬가지입니다. '수'와 '개'가 합쳐진 말인데 옛말에는 '수'에 'ㅎ' 받침이 있어서 '수캐'라고 쓰지요. 앞에서 살펴본 '살코기'도 그렇습니다. 이처럼 두 말이 합쳐졌는데 두 말에 없는 글자가 나타나면 옛말의 흔적이라고 볼 수 있습니다.

✦ 저녁에 중요한 손님이 오셔서 집 안팎을 깨끗하게 청소해야 해. 도와줄 수 있어?

✦ 응, 내가 도와줄게. 대신 다음에 맛있는 밥을 사 줘.

애달프다

새로운 말이 옛말을 밀어내고 유일한 표준어로 자리매김하는 경우도 많습니다. '애달프다'도 그러한 예이지요. '애달프다'는 '마음이 안타깝거나 쓰라리다', '애처롭고 쓸쓸하다'라는 뜻입니다. '애달프다' 이전에 쓰이던 말은 '애닯다'였습니다. 그런데 1988년에 '애닯다'를 죽은말로 보고 '애달프다'를 유일한 표준어로 삼았지요. 그때부터 '애닯게 울다'는 틀린 표현이 되었고 '애달프게 울다'로 써야 맞게 되었습니다. 같은 해에 '오얏'과 '오얏나무'도 죽은말로 보고 '자두'와 '자두나무'를 표준어로 삼았습니다.

✦ 저 사람 사연이 너무 애달프다.

✦ 그러게. 정말 안타깝다.

자주 헷갈리는 맞춤법 확인 문제

✦ 10

✦

앞에서 익힌 바른 표기를 잘 기억하고 있는지 확인해 볼까요?
맞는 표기에 동그라미를 해 보세요.

1. 나 정도 사람은 쎄고 쎘다. (   )
    나 정도 사람은 쌔고 쌨다. (   )

2. 바람을 쐬러 도심 외곽으로 나갔다. (   )
    바람을 쐬러 도심 외곽으로 나갔다. (   )

3. '아니예요'라고 부정하지 마세요. (   )
    '아니에요'라고 부정하지 마세요. (   )

4. 이번 시험에 '예, 아니오'로 답하라는 질문이 많이 나와. (   )
    이번 시험에 '예, 아니요'로 답하라는 질문이 많이 나와. (   )

5. 층간 소음 때문에 아래층에서 찾아왔다. (   )

   층간 소음 때문에 아랫층에서 찾아왔다. (   )

6. 아뭏든 일은 월요일까지 끝내야 해. (   )

   아무튼 일은 월요일까지 끝내야 해. (   )

7. 아이가 귀가하지 않아 안절부절했다. (   )

   아이가 귀가하지 않아 안절부절못했다. (   )

8. 부상이 심해서 벤치에 안쳤어. (   )

   부상이 심해서 벤치에 앉혔어. (   )

9. 회사 안팎이 시끄러워서 이직해야 할 듯해. (   )

   회사 안밖이 시끄러워서 이직해야 할 듯해. (   )

10. 새소리가 애닯게 들린다. (   )

    새소리가 애달프게 들린다. (   )

---

1. 쌔고 쌨다 2. 쐬러 3. 아니에요 4. 아니요 5. 아래층에서 6. 아무튼
7. 안절부절못했다 8. 앉혔어 9. 안팎이 10. 애달프게

애당초

　　일의 맨 처음을 가리키는 말로 '애시당초'를 쓰곤 합니다. '애시당초에 그런 일은 하면 안 돼'처럼 쓰지요. 그런데 '애시당초'는 사전에 없는 틀린 말입니다. 맞는 표기는 '애당초'이지요. '당초當初'에 강조하는 말인 '애'가 결합해 '애당초'가 되었지요. 그런데 일의 맨 처음이라는 시간적 개념 때문에 '때 시時'를 넣어 잘못 쓰는 사람이 있습니다. '애시당초'는 애당초 없는 말이니 꼭 기억하세요.

✦　우리 같이 결정한 거 아니야?

✦　애당초 나는 너와 생각이 달랐어.

애먼

'엄한 사람 잡지 마', '엄한 걱정'과 같이 '애먼'이 들어가야 할 자리에 '엄한'을 쓰는 오류를 자주 접합니다. '애먼'과 '엄한'이 발음이 비슷해서 혼동하는 것이지요. '애먼'은 일의 결과가 다른 데로 돌아가 엉뚱하게 느껴지거나 억울할 때 쓰는 말입니다. '애먼 짓', '애먼 죄'처럼 쓰이지요. '엄한'은 '엄하다'의 활용형입니다. '엄한 부모님'처럼 쓰여 전혀 다른 뜻을 갖고 있지요.

✦ 쟤가 잘못했는데 왜 애먼 나한테 화풀이를 해?

✦ 미안, 화가 나서 그랬어.

앳되다

어려 보이는 사람에게 '얼굴이 애띠어 보인다', '애 띤 얼굴에 미소가 가득하다'라고 표현합니다. 여기에 쓰인 '애띠 다'는 잘못된 표현입니다. 발음대로 써서 잘못 표기한 경우이지 요. '앳되다'는 [앧뙤다/앧뛔다]로 발음합니다. 된소리로 발음되 어 '애띠다'로 잘못 쓰는 것이지요. '앳되다'는 애티가 있어 어려 보일 때 쓰는 말입니다. '아이'의 준말인 '애'에 '되다'가 결합하 고 사이시옷이 들어간 형태입니다.

✦ 앳된 목소리 때문에 나이가 더 어리실 줄 알았어요.

✦ 제 목소리가 가늘어서 그런지 다들 앳된 목소리라고 그러더라고요.

야멸치다와
야멸차다

'어떻게 나한테 이렇게 야멸찰 수가 있어?', '네가 이렇게 야멸차게 구는데 친구가 있을 리가!'처럼 자기만 생각하고 남의 사정을 돌볼 마음이 없을 때 '야멸차다'를 많이 씁니다. 그런데 '야멸차다'는 2011년에야 표준어로 등재됐습니다. 이전에는 '야멸치다'만 맞는 표기였지요. 둘의 의미는 같지만 '야멸치다'가 더 센 느낌을 줍니다.

✦ 한글 맞춤법은 나에게 너무 야멸찬 데가 있어. 나에게 너무 냉정해.

✦ 맞춤법더러 야멸스럽다고 하지 말고 열심히 공부해서 맞춤법과 친하게 지내자고.

야반도주

　　가끔 드라마나 영화에 다른 사람의 눈을 피해 밤에 몰래 도망가는 내용이 나옵니다. 이를 '야반도주'라고 하지요. 그런데 간혹 밤에 도망가는 데 초점을 맞춰 '야밤도주'라고 쓰는 사람이 있습니다. 발음뿐만 아니라 말의 구성을 정확하게 알지 못해서 틀리는 것입니다. '야반夜半'도 '밤이 깊은 때'를 의미합니다. 따라서 바른 표기는 '야반도주', 올바른 발음도 [야반도주] 입니다.

✦ 부모님이 결혼을 반대하셔서 야반도주했다고 하네.

✦ 좀 더 시간을 갖고서 부모님을 설득했으면 좋았을 텐데…….

야트막하다

원형대로 써야 하는지, 소리대로 써야 하는지 헷갈리는 말들이 많습니다. '조금 얕은 듯하다'라는 의미를 지닌 '야트막하다'도 소리대로 쓴 '야트막하다'가 맞는지, 원형을 밝혀서 쓴 '얕으막하다'가 맞는지 헷갈리지요. 자주 쓰이지 않는 접사를 쓰면 소리대로 적어야 합니다. 다른 예로 '꼴'과 '악서니'가 결합한 '꼬락서니'를 들 수 있습니다. '야트막하다'는 '얕다'에 잘 쓰이지 않는 접사 '으막'이 결합된 말이니 소리대로 '야트막하다'로 써야 합니다. 이처럼 우리말은 정도나 세기 등을 세분해 표현할 수 있습니다. 조금 작을 때 '자그마하다'도 쓸 수 있고 '조그마하다'도 쓸 수 있지요. 어떤 단어를 선택하는지에 따라 말맛이 달라지는 우리말의 묘미라고 할 수 있습니다.

✦ 뒷산은 야트막해서 부담 없이 등산하기 좋아.

✦ 오, 나도 뒷산으로 주말에 등산을 가야겠다.

얄팍하다

생각에 깊이가 없고 속이 빤히 들여다보이는 상황에서 어떤 말을 쓰나요? '그런 얄팍한 생각으로 나를 어떻게 이기겠니?', '금방 드러날 얄팍한 거짓말로 속이지 마'처럼 '얄팍하다'를 쓸 것입니다. 그런데 어근의 원형을 살려 이를 '얇팍하다'로 잘못 쓰는 경우가 있습니다. 자주 쓰이는 접사가 아닌 경우 소리대로 써야 한다는 규칙을 앞에서 보았지요? 따라서 '얇팍하다'가 아니라 '얄팍하다'라고 써야 합니다. 얕은수를 쓸 때 '얍실하다', '얍삭하다'라고도 하는데 이 표현들은 '얄팍하다'의 방언입니다. 방언은 우리의 소중한 유산이니 지켜야 하지만, 문서 작성처럼 공식적인 상황에서는 표준어인 '얄팍하다'를 써야 합니다.

✦ 얄팍한 생각으로 부모님을 속이려 하면 안 돼.

✦ 제가 놀러 간다고 하면 허락을 안 해 주실 것 같아서 그랬습니다. 죄송합니다.

어디에요와
어디예요

'지금 계신 곳이 어디예요?', '지금 계신 곳이 어디에요?' 중 무엇이 맞을까요? 또 '너 얼굴에 김 묻었다!'라는 말의 질문으로 '어디에요?'와 '어디예요?' 중 무엇이 맞을까요?

'어디에요'와 '어디예요'는 모두 맞는 표기입니다. 다만 쓰이는 맥락이 다르지요. '어디에요'는 '어디'에 처소나 방향을 나타내는 조사 '에'가 결합한 다음 두루높임 보조사 '요'가 결합한 말입니다. 그러니 높이지 않아도 된다면 '어디에'로 쓰지요. 하지만 첫 번째 상황에서 '지금 계신 곳이 어디에?'로 끝나면 이상하지요? 그러니 '지금 계신 곳이 어디예요?'가 맞습니다.

김이 어디에 묻었는지 묻는 두 번째 상황에서는 '어디에?'로 질문할 수 있으니 '어디에요?'가 맞습니다. '어디예요?'는 '어디'에 '이에요'의 준말인 '예요'가 붙은 말입니다. 즉, '어디'에 서술어를 나타내는 '이다'가 결합한 말이지요. 따라서 '예요'는 '입니다'로 바꿀 수 있습니다.

✦ 귀중품을 보관하는 곳이 어디예요?

✦ 귀중품은 입구 왼쪽에 있는 물품 보관함에 넣어 주세요. 그리고 입장 확인용 스티커를 붙여 주세요.

✦ 어디예요?

어수룩하다와
어리숙하다

'사람이 어리숙해서 험한 세상 살기 힘들겠어', '어수룩하면 회사 생활을 하기 힘들지'와 같이 '어리숙하다'와 '어수룩하다'를 함께 씁니다. 지금은 둘 다 표준어이지만, 원래 '어수룩하다'만 표준어였습니다. '어리숙하다'는 2011년에 표준어로 등재됐지요. '어리숙하다'는 '겉모습이나 언행이 치밀하지 못하여 순진하고 어리석은 데가 있다'라는 뜻을 지니고 있습니다. '어수룩하다'는 '겉모습이나 언행이 치밀하지 못하여 순진하고 어설픈 데가 있다'라는 뜻입니다. '어리숙하다'의 '어리석은'과 '어수룩하다'의 '어설픈'이라는 차이가 보이지요? '어수룩하다'와 '어리숙하다'는 뜻이 조금 달라 둘 다 표준어로 삼았습니다. 기억하세요. 어리석으면 '어리숙하다', 어설프면 '어수룩하다'.

✦ 내가 어리숙해 보였는지 식대를 안 주려고 하더라.

✦ 어수룩해 보여도 사람들이 자기 이익을 챙기려고 하더라. 정말 각박한 세상이야.

어이없다

인터넷에 글이나 댓글을 쓸 때 틀리면 지적받는
표기가 몇 개 있습니다. 많이 틀리는 맞춤법으로 널리 알려져
잘못 쓰는 사람을 보면 바로 지적을 하는 것이지요. 대표적인
예가 '어의없다'입니다. '어이없다'를 잘못 표기한 말이지요. 이
말은 '일이 너무 뜻밖이어서 기가 막히는 듯하다'라는 뜻입니다.
같은 상황에서 '어처구니없다'라는 표현도 쓸 수 있지요. '어이
없다'를 '어의없다'로 쓰는 것은 너무나 어이없는 일이니 틀리지
마세요.

✦ 우리 집이 부자라고 소문났더라. 근거도 없이 왜 그런
　소문이 났는지 정말 어이없어.

✦ 너한테 귀티가 흐르나 봐. 헛소문은 그냥 무시해.

자주 헷갈리는
맞춤법
확인 문제

✦ 10

✦

앞에서 익힌 바른 표기를 잘 기억하고 있는지 확인해 볼까요?
맞는 표기에 동그라미를 해 보세요.

1. 저는 애시당초 당신을 마음에 둔 적도 없어요. (　)
   저는 애당초 당신을 마음에 둔 적도 없어요. (　)

2. 엄한 사람 괴롭히지 말고 그만하세요. (　)
   애먼 사람 괴롭히지 말고 그만하세요. (　)

3. 너의 애띤 모습에 나의 어릴 적이 생각나는군. (　)
   너의 앳된 모습에 나의 어릴 적이 생각나는군. (　)

4. 구애하는 사람을 야멸치게 거절했다. (　)
   구애하는 사람을 야멸차게 거절했다. (　)

5. 빚을 갚지 않고 야밤도주를 했다. (   )

   빚을 갚지 않고 야반도주를 했다. (   )

6. 얄으막한 언덕이 산책하기 좋죠. (   )

   야트막한 언덕이 산책하기 좋죠. (   )

7. 그런 얄팍한 꾀로 벗어날 수 없다. (   )

   그런 얇팍한 꾀로 벗어날 수 없다. (   )

8. 어릴 때 살던 곳이 어디예요? (   )

   어릴 때 살던 곳이 어디에요? (   )

9. 보기에는 어리숙해 보여도 일을 잘하는 친구예요. (   )

   보기에는 어수룩해 보여도 일을 잘하는 친구예요. (   )

10. 인터넷에 어의없게 글을 쓰는 사람이 많아. (   )

    인터넷에 어이없게 글을 쓰는 사람이 많아. (   )

---

1. 애당초 2. 애먼 3. 앳된 4. 야멸치게/야멸차게 5. 야반도주를 6. 야트막한
7. 얄팍한 8. 어디예요 9. 어리숙해/어수룩해 10. 어이없게

어중되다

잘못된 발음은 틀린 표기로 이어지는 지름길입니다. '어중되다'도 잘못된 발음으로 표기를 많이 틀리는 말이지요. '어중되다'는 '이도 저도 아니어서 어느 것에도 알맞지 아니하다'라는 뜻을 가진 말입니다. 그런데 이 말을 '어중띠다', '어중떼다'와 같이 잘못 발음하고 쓰는 일이 많습니다. '어중되다'는 '가운데가 되는 정도'라는 뜻의 '어중於中'에 '되다'가 결합한 말입니다. 바른 발음은 [어중뙤다/어중뛔다]이지요. 비슷한 경우로 '앳되다'도 '애띠다'라고 잘못 쓰는 사람들이 많은데 '띠다'라는 접사는 없으니 기억해 두세요. 이제부터는 '어중띠게 말하지 말고 핵심만 얘기해'처럼 잘못 쓰지 말고 '어중되다'로 바로 씁시다.

✦ 떡갈비 가게가 새로 생겼던데 거기에 가서 점심을 먹을까?

✦ 아침을 늦게 먹었더니 지금 점심을 먹기가 어중되네.

어쭙잖다

     '완장만 차면 어쭙잖게 대장 행세를 하려고 해'와 같이 쓰는 '어쭙잖게'를 '어줍잖게'로 잘못 쓰는 경우가 많습니다. 된소리로 발음하기가 불편해서 [어줍]으로 발음하고 '어줍잖다'로 쓰는 것이지요. '비웃음을 살 만큼 언행이 분수에 넘치는 데가 있다', '아주 서투르고 어설프다. 또는 아주 시시하고 보잘것없다'라는 의미를 지닌 말의 바른 표기는 '어쭙잖다'입니다. [어쭙짠타]라고 발음해야 하지요. 혹시 이 발음이 어색한 사람들은 틈틈이 올바르게 발음하는 연습을 해 보세요. 금방 익숙해져서 바르게 발음하고 표기할 수 있을 것입니다.

✦ 같은 기수인데 나이가 더 많다고 어쭙잖게 선배처럼 구는 사람이 있어.

✦ 그런 사람은 시시하고 보잘것없는 어쭙잖은 사람이니까 상대하지 마.

얻다 대고

살다 보면 다른 사람과 싸울 일이 생기기도 합니다. 격앙된 목소리로 서로에게 화를 내다 삿대질이나 반말을 하기도 하지요. 그럴 때 자주 쓰는 표현이 '얻다 대고 반말이야?'입니다. 그런데 이 표현을 '어따 대고 반말이야?'라고 헷갈리는 사람도 많습니다. '얻다'의 발음이 [얻따]여서 소리대로 쓰느라 틀리게 쓴 것이지요. 맞는 표기는 '얻다'입니다. '얻다'는 '어디에다'의 준말입니다. '어디에다 대고 반말이야?'라는 뜻이니 '얻다 대고'라고 써야 하지요. 본말을 잘 기억해 두면 틀리지 않을 수 있습니다.

✦ 내 얼굴은 얻다 내놓아도 부끄럽지 않게 잘생겼지.

✦ 얻다 대고 거짓말이니. 거울 갖다줄까?

얽히고설키다

두 단어일 것 같은데 한 단어인 말들이 있습니다. '얽히고설키다'도 한 단어입니다. 뜻은 '가는 것이 이리저리 뒤섞이다', '관계, 일, 감정 따위가 이리저리 복잡하게 되다'이지요. 이 말은 '얽히고 설키다', '얼키고 설키다', '얽히고섥히다'처럼 다양하게 잘못 쓰곤 합니다. '얽히고설키다'의 '얽히다'는 원형을 밝혀 적고 '설키다'는 소리대로 써서 혼동하는 것입니다. '얽히다'는 '얽다'라는 어근이 분명하고 다른 말에서도 쓰기에 원형을 밝혀 적지요. 하지만 '설키다'의 '섥다'라는 말은 다른 데서도 안 쓰이기 때문에 소리대로 쓰는 것입니다. 헷갈리는 표현은 그냥 외워 두세요. 그러면 틀리지 않고 쓸 수 있습니다.

✦ 이 문제를 어디서부터 해결해야 할지 모르겠어. 너무 얽히고설켜서 잘못 손대면 더 엉망진창이 될 것 같아.

✦ 과장님과 의논해 보는 건 어때? 혼자 하기 어려울 때는 도움을 청해야지.

엉큼하다

'너무 엉큼한 수작이어서 얄미워', '그 친구가 엉큼한 짓을 많이 하긴 하지'처럼 '엉큼하다'는 '엉뚱한 욕심을 품고 분수에 넘치는 짓을 하고자 하는 태도가 있다'라는 뜻으로 쓰입니다. 그런데 '엉큼하다'를 '응큼하다'로 잘못 쓰는 경우를 쉽게 볼 수 있습니다. '응큼하다'는 '엉큼하다'의 강원 방언입니다. '엉큼하다'와 비슷한 말로 '앙큼하다'가 있습니다. '엉큼하다'의 의미에 '깜찍하게'라는 수식어가 들어가 '엉뚱한 욕심을 품고 깜찍하게 분수에 넘치는 짓을 하고자 하는 태도가 있다'라는 의미로 쓰입니다. 조금 귀엽게 보아주는 태도가 담겨 있지요.

✦ 다른 사람이 투표한 간식 대신 자기가 먹고 싶은 간식을 사 온 그 친구의 잘못은 엉큼한 것까지는 아니고 앙큼한 정도지.

✦ 그래, 다른 사람에게 크게 피해를 준 건 아니고 깜찍한 정도니까 앙큼하다고 해 두자.

엔간하다

　　보통의 수준을 나타내는 표현으로 '엔간하다'라는 말이 있습니다. 정확한 뜻은 '대중으로 보아 정도가 표준에 꽤 가깝다'이지요. '웬간한 일이면 그냥 넘어가자', '엥간해서는 내 말을 잘 듣지 않아'처럼 쓰기도 하는데 이때 쓰인 '웬간한', '엥간한'은 잘못된 표기입니다. 맞는 표기는 '엔간하다'이지요. '엔간하다'는 '어연간하다'의 준말입니다. 'ㅇ' 받침이 쓰일 이유가 없지요. 간혹 '엔간하다'를 '에지간하다'와 혼동하기도 하는데 '에지간하다'는 '어지간하다'의 방언입니다. '엔간'과 '어지간'을 혼동하는 일도 없어야겠지요?

✦ 그 사람은 엔간해서는 화를 내지 않아.

✦ 와, 부럽다. 나는 너무 쉽게 화가 나서 내 감정을 잘 조절하고 싶어.

오두방정

　　작은 일에도 호들갑을 떠는 사람이 주변에 있나
요? 그런 사람에게 흔히 '오두방정'이라는 표현을 씁니다. '몹시
방정맞은 행동'이라는 뜻을 가진 말입니다. 그런데 '오도방정 좀
떨지 마', '오두방정 좀 떨지 마' 중 무엇이 맞는 표현인지 자주
헷갈리곤 합니다. 모음조화에 따르면 '오도방정'이 맞아 보이지
만 '오두방정'이 표준어입니다. 사람들이 모음조화가 파괴된 형
태를 두루 쓰기 때문에 '오두방정'이 표준어가 되었지요. 단, 언
제나 '오두'가 맞지는 않습니다. '오두카니'는 틀린 표기로 '오도
카니'라고 모음조화를 지켜 써야 합니다. 이 말보다 센 표현으
로는 '우두커니'를 사용할 수 있습니다.

✦　오두방정 떠는 사람은 왠지 믿음이 안 가.

✦　맞아, 방정맞게 행동하면 신뢰를 얻을 수 없지.

오똑하다

       우리말에는 모습을 표현할 수 있는 말이 매우 다양하게 있습니다. '오똑하게 솟은 코', '콧날이 오똑하니 매력적이다' 같은 표현을 많이 보았지요? 그런데 '오똑하다'는 틀린 표기입니다. 모음조화가 파괴된 형태인 '오뚝하다'가 맞는 표기이지요. 그래서 '오똑이'가 아니라 '오뚝이'가 맞습니다. '오뚝하다'는 '작은 물건이 도드라지게 높이 솟아 있는 상태이다'라는 뜻을 가진 말입니다. 큰 물건을 가리킬 때는 '우뚝하다'라는 표현을 쓸 수 있습니다.

✦ 얼굴에 뾰루지가 오뚝하게 올라와서 자꾸 신경 쓰이네.

✦ 자꾸 만지지 마. 계속 만지면 심하게 덧난대.

오랜만에

바쁜 일상을 보내다 보면 오랜 기간 친구를 못 만나거나 취미 생활을 못 하기도 합니다. 오래간만에 무언가를 할 때 '친구를 오랫만에 만나서 반가웠어', '오랫 만에 소고기를 마음껏 먹었어'와 같이 쓰는 경우를 많이 봅니다. 여기에 쓰인 '오랫만에', '오랫 만에'는 틀린 표기입니다. '오래'와 '만에'가 합쳐져서 만들어진 말이라고 생각해 잘못 쓰곤 하지요. '오랫동안'처럼 사이시옷을 써야 한다고 생각하는 것입니다. '오랜만에'는 '오래간만에'의 준말입니다. '간'에서 '가'가 생략되고 'ㄴ'이 남은 표현이지요. 따라서 사이시옷이 들어갈 필요가 없습니다. '오랫동안'에는 사이시옷을 넣고, '오랜만에'는 사이시옷이 안 들어간다는 사실을 함께 기억하면 좋겠지요? 더불어 본말을 잘 기억해 두면 바르게 쓸 수 있습니다.

✦ 어릴 적 친구는 오랜만에 만나도 바로 어제 만난 듯해.

✦ 오랫동안 못 만났어도 어릴 적 모습을 기억하니까.

오지랖

'오지라퍼'라는 말을 들어 본 적 있나요? 인터넷에서 쓰는 말로 '오지랖이 넓은 사람'을 뜻합니다. '오지랖'은 '웃옷이나 윗도리에 입는 겉옷의 앞자락'을 의미합니다. 단독으로 쓰이기보다 '오지랖이 넓다'라는 관용구로 많이 쓰이지요. 이 관용구의 뜻은 '쓸데없이 지나치게 아무 일에나 참견하는 면이 있다'입니다. '오지랖이 넓은 사람', '오지랖이 넓어서 남의 일에 사사건건 참견이다'처럼 쓰이지요. 그런데 '오지랖'을 '오지랍'으로 잘못 쓰는 경우가 있습니다. 발음도 [오지라피 널따]라고 해야 하는데 [오지라비 널따]라고 잘못하지요. 이제부터는 '오지랖'으로 잘 쓰기 바랍니다.

✦ 요즘은 오지랖이 넓은 사람을 별로 좋아하지 않아.

✦ 옛날에는 동네마다 오지랖이 넓으신 어르신들이 많았는데.

✦ 10

✦

앞에서 익힌 바른 표기를 잘 기억하고 있는지 확인해 볼까요?
맞는 표기에 동그라미를 해 보세요.

1. 어중띠게 말하지 말고 정확하게 말해 보세요. (   )
   어중되게 말하지 말고 정확하게 말해 보세요. (   )

2. 어줍잖게 갑질해 대는 사람이 많아. (   )
   어쭙잖게 갑질해 대는 사람이 많아. (   )

3. 얻다 대고 손가락질을 합니까? (   )
   어따 대고 손가락질을 합니까? (   )

4. 이 드라마는 얽히고섥힌 관계가 묘미야. (   )
   이 드라마는 얽히고설킨 관계가 묘미야. (   )

5. 엉큼하게 **쳐다보지 마라.** ( )

   응큼하게 **쳐다보지 마라.** ( )

6. 좀 잔소리도 엥간히 해. ( )

   좀 잔소리도 엔간히 해. ( )

7. 오도방정 그만 떨고 밥이나 먹자. ( )

   오두방정 그만 떨고 밥이나 먹자. ( )

8. 들판에 오뚝하게 선 나무가 아름답다. ( )

   들판에 오뚜하게 선 나무가 아름답다. ( )

9. 친구와 오랫만에 여행을 떠난다. ( )

   친구와 오랜만에 여행을 떠난다. ( )

10. 그 아주머니는 오지랍이 넓다. ( )

    그 아주머니는 오지랖이 넓다. ( )

---

1. 어중되게 2. 어쭙잖게 3. 얻다 대고 4. 얽히고설킨 5. 엉큼하게
6. 엔간히 7. 오두방정 8. 오뚝하게 9. 오랜만에 10. 오지랖이

올바르다

　　어릴 때부터 자주 듣는 말 중에 '올바르다'가 있습니다. '올바르게 살다', '올바른 생각을 가지다'처럼 쓰지요. '올바르다'는 '말이나 생각, 행동 따위가 이치나 규범에서 벗어남이 없이 옳고 바르다'라는 뜻을 지니고 있습니다. '옳고 바르다'라는 뜻 때문에 '옳바르다'라고 잘못 쓰기도 하는데 이는 잘못된 표기입니다. '올바르다'는 소리대로 적어야 하는 말입니다.

✦ 아이를 올바르게 키우려면 어떻게 해야 할까?

✦ 평소에 많이 사랑해 주고, 잘못된 언행을 하면 따끔하게 혼내야 해.

외골수와
외곬

'그 사람은 완전히 외골수야'처럼 '외골수'는 '단한 곳으로만 파고드는 사람'을 말합니다. '외골수'에서 '수'를 빼면 '외곬'이 맞는 표기이기에 '외곬수'라고 잘못 쓰기도 하지요. '외곬'은 '단 한 곳으로만 트인 길', '단 하나의 방법이나 방향'을 의미하는 말입니다. '외곬으로 살면 주변을 돌아보기 힘들다'와 같이 주로 '외곬으로' 형태로 씁니다. 이 둘을 쉽게 구분할 수 있는 방법이 있습니다. 사람에게는 'ㅅ'을 쓰지 않으니 '외골수', 하나의 길이나 방향, 방법에서는 'ㅅ'을 쓰니 '외곬'이라고 기억해 두세요.

✦ 기술로 성공한 장인들은 외골수가 많지.

✦ 외곬으로 한길만 파야 그 경지에 이를 수 있으니까.

요새

　　일상생활에서 근래의 일을 표현해야 할 때가 종종 있습니다. 그때 '요새'라는 말을 쓰지요. '요새 한류가 세계적으로 유행이래', '저 친구 요새 좀 이상하지 않니?'처럼 사용합니다. '요새'의 '새'는 '사이'가 줄어든 말입니다. 그런데 이를 잘못 써서 '요세'라고 쓰기도 합니다. '금세'를 '금새'로 헷갈리는 경우와 비슷합니다. '금세'는 '금시에'의 준말이고, '요새'는 '요사이'의 준말입니다. 본말을 기억하면 틀릴 일이 줄어듭니다.

✦ 요사이 좋은 일이 많아. 월급도 오르고 승진도 하고.

✦ 그래서 요새 웃음꽃이 피었구나. 정말 보기 좋아.

(우습다)

       사람은 누구나 웃을 일이 많기를 바랍니다. 그래서 재미있는 영화나 드라마를 보고, 만화나 짧은 영상을 보기도 합니다. '재미가 있어 웃을 만하다'라는 뜻을 지닌 말은 '우습다'입니다. '이 만화 아주 우습다', '예능 프로그램 캐릭터가 너무 우스워'처럼 사용합니다. 그런데 이를 [우습따]로 잘못 발음하고 '우숩다'라고 잘못 쓰기도 하지요. '따숩다'도 같은 경우입니다. '따숩다'는 전남 방언으로, 표준어는 '따습다'입니다. SNS 같은 개인 매체를 많이 활용하는 요즘, 맞춤법을 잘못 쓰면 우스워질 수 있습니다. 사전을 찾아 바르게 발음하고 바르게 쓰세요.

✦ 사치품을 과하게 자랑하는 사람은 때로 우습지.

✦ 맞아. 사회관계망 서비스(SNS)에 그런 우스운 사람이 많아.

욱여넣다

가방이나 주머니에 무언가를 막 밀어 넣을 때가 있습니다. 바빠서, 공간이 없어서 등 그 이유는 다양하지요. 이럴 때 '욱여넣다'라는 표현을 씁니다. '간식을 가방에 욱여넣었다'처럼 쓰는데, 간혹 '우겨넣다'라고 잘못 쓰기도 합니다. 모두 [우겨]라고 발음되기 때문입니다. '욱여넣다'에서 '욱여'는 '욱이어'의 준말로 기본형은 '욱이다'입니다. '욱이다'의 뜻은 '안쪽으로 조금 우그러지게 하다'이지요. '욱이다'는 지금도 잘 쓰이고 있어서 원형을 살려서 써야 합니다. '욱이다'보다 밝은 느낌의 말로 '옥이다'도 있지요. '우겨넣다'라고 쓴다면 원형이 '우기다'여야 합니다. 이는 '억지를 부려 제 의견을 고집스럽게 내세우다'라는 의미이기에, 마구 밀어 넣는 상황에는 맞지 않습니다.

✦ 가방이 빵빵하네. 가방 안에 뭘 그렇게 욱여넣은 거야?

✦ 수업 끝나고 바로 친구랑 여행을 갈 거라 옷을 잔뜩 넣었어.

움츠리다

'움추리다'와 '움츠리다'는 많이 헷갈려 하는 말입니다. '움추리고 앉아 있었다', '움츠리고 앉아 있었다' 중 무엇이 맞는 표기일까요? '움츠리다'가 맞습니다. 이 표현을 틀리는 이유도 발음 때문입니다. [움추리다]라고 잘못 발음해서 '움추리다'로 잘못 쓰곤 하지요. [움츠리다]로 바르게 발음하고 '움츠리다'로 잘 써야겠지요. '움츠리다'의 뜻은 '몸이나 몸의 일부를 몹시 오그리어 작아지게 하다'입니다.

✦ 틀린 한글 맞춤법을 지적받으면 너무나 민망해서 고개를 움츠리게 돼.

✦ 네가 자주 헷갈리는 맞춤법을 외워 두면 틀릴 일이 줄어들 거야.

(움큼)

세상에는 다양한 단위가 있습니다. 길이, 무게, 수처럼 다양한 것을 세지요. 우리말 중에는 '손으로 한 줌 움켜질 만한 분량을 세는 단위'가 있습니다. 바로 '움큼'입니다. 그런데 이를 잘못 표기하는 경우가 많습니다. '눈을 한 움큼 쥐었다'를 '눈을 한 웅큼 쥐었다', '눈을 한 움쿰 쥐었다'처럼 잘못 쓰기도 합니다. '웅큼'과 '움쿰'은 틀린 표기입니다. '움큼'은 '움키다'에서 파생된 말입니다. '움키다'는 '손가락을 우그리어 물건 따위를 놓치지 않도록 힘 있게 잡다'라는 뜻이지요. 발음을 [움큼]으로 바로 하는 습관을 지니면 표기도 틀리지 않을 것입니다.

✦ 예전에 다니던 시장에서는 나물을 사면 한 움큼 더 넣어 주셨는데.

✦ 인심이 참 좋았지. 두 움큼도 더 주었어.

웃어른

　　우리나라는 예를 중시합니다. 그래서 어릴 때부터 어른을 공경하는 태도를 배우지요. 그런데 '나보다 높은 지위나 신분, 항렬에 있는 어른'을 가리키는 말의 바른 표기를 자주 헷갈립니다. '윗어른', '웃어른' 중에 무엇이 맞는 표기일까요? 아래, 위를 나타낸다고 생각해 사이시옷이 들어간 '윗어른'을 쓰는 실수를 합니다. 그런데 맞는 표기는 '웃어른'입니다. 어른에는 아래, 위의 구별이 없습니다. '아래어른'은 없기 때문에 '웃어른'으로 쓰지요. 비슷한 예로 '본래의 값에 덧붙이는 돈'이라는 의미의 '웃돈'과 '맨 겉에 입는 옷'인 '웃옷'이 있습니다.

✦ 웃어른께 예의를 잘 지키는 사람이 보기 좋더라.

✦ 나도 앞으로는 동네 웃어른들을 만나면 먼저 인사해야겠어.

웬과 왠지

'어머, 웬 떡이야?', '왠지 낌새가 수상해'는 '웬'과 '왠'을 헷갈려서 자주 잘못 쓰는 표현입니다. '웬'과 '왠'을 구별해 볼까요? '웬'은 '어찌 된', '어떠한'이라는 뜻을 가진 관형사입니다. 독립된 단어이기에 띄어 써야 하지요. 이 말은 '어찌 된', '어떠한'과 바꾸어 쓸 수 있습니다. '왠'은 '왜'와 어미 '-ㄴ지'의 '-ㄴ'이 결합된 말입니다. '왜 그런지 모르게. 또는 뚜렷한 이유도 없이'라는 의미의 부사 '왠지'는 '지' 없이 쓰일 수 없습니다. 참고로 '웬일'은 합성어로서 하나의 단어이기에 붙여 씁니다.

✦ 어머, 웬일이야. 네가 책을 다 보고.

✦ 가을이 되니 왠지 독서를 하고 싶더라고.

웬만하다

'웬'과 '왠'이 헷갈리는 경우로 '웬만하다', '웬만큼'도 있습니다. 둘 다 '웬'으로 써야 하지요. 그런데 일상에서 '왠만하다', '왠만큼'이라고 쓰는 사람이 많습니다. 발음이 비슷해 혼동하곤 하지요. '왠'은 항상 '왠지'로 쓴다는 점을 기억해 두세요. 그러면 틀리지 않을 수 있습니다. '웬만하다'는 '정도나 형편이 표준에 가깝거나 그보다 약간 낫다', '허용되는 범위에서 크게 벗어나지 아니한 상태에 있다'라는 뜻입니다.

✦ 웬만하면 네가 먼저 사과하지 그래?

✦ 싫어. 항상 내가 먼저 사과했단 말이야.

자주 헷갈리는
맞춤법
확인 문제

✦

앞에서 익힌 바른 표기를 잘 기억하고 있는지 확인해 볼까요?
맞는 표기에 동그라미를 해 보세요.

1. 아이를 옳바르게 키우는 것은 부모의 역할이다. (   )
    아이를 올바르게 키우는 것은 부모의 역할이다. (   )

2. 너무 외곬수라서 사회관계를 맺기 힘들어. (   )
    너무 외골수라서 사회관계를 맺기 힘들어. (   )

3. 요새 한류로 외국인 관광객이 늘었다. (   )
    요세 한류로 외국인 관광객이 늘었다. (   )

4. 공자님 앞에서 문자를 읊어 대는 것은 우수워. (   )
    공자님 앞에서 문자를 읊어 대는 것은 우스워. (   )

5. 배 안에 무리하게 음식을 우겨넣으면 배탈만 나지. ( )

   배 안에 무리하게 음식을 욱여넣으면 배탈만 나지. ( )

6. 움추린 날개를 활짝 펴자. ( )

   움츠린 날개를 활짝 펴자. ( )

7. 사탕을 한 움쿰 가져가면 안 된다. ( )

   사탕을 한 움큼 가져가면 안 된다. ( )

8. 윗어른을 공경해야 복을 받아. ( )

   웃어른을 공경해야 복을 받아. ( )

9. 왠지 좋은 일이 생길 것 같아. ( )

   웬지 좋은 일이 생길 것 같아. ( )

10. 왠만하면 봐주려고 했다. ( )

    웬만하면 봐주려고 했다. ( )

---

1. 올바르게 2. 외골수라서 3. 요새 4. 우스워 5. 욱여넣으면
6. 움츠린 7. 움큼 8. 웃어른을 9. 왠지 10. 웬만하면

유도신문

　　　　검사나 경찰이 주인공인 작품에서 가끔 '유도신문'이라는 말이 등장합니다. 이 표현도 표기를 자주 틀리는 말이지요. '검사의 유도신문에 넘어갔어', '유도심문을 해서는 안 돼' 중 무엇이 맞을까요? 이를 확인하려면 '유도', '신문', '심문'의 뜻을 알면 됩니다. '유도誘導'는 '사람이나 물건을 목적한 장소나 방향으로 이끎'이라는 의미가 있습니다. 목적하는 바가 있지요. '신문訊問'은 '알고 있는 사실을 캐어물음'이라는 뜻입니다. '심문審問'은 '자세히 따져서 물음'이라는 뜻이지요. 이 둘 중 목적하는 바와 관련 있는 말은 '신문'입니다. 이미 알고 있는 사실을 묻는 것이기 때문이지요. '유도신문'은 띄어 쓸 수도 있고 붙여 쓸 수도 있습니다.

✦ 어때? 저 사람이 쓰레기를 몰래 버린 범인 같아?

✦ 모르겠어. 슬쩍 유도신문을 해 봤는데 안 넘어오네.

유례없다

'유례'와 '유래'는 발음이 비슷해서 자주 헷갈리는 단어들입니다. 그래서 '유례없다'로 써야 할 곳에 '유래없다'라고 잘못 쓰기도 하지요. '유례없는 상황', '유례없는 참혹한 사고'처럼 같거나 비슷한 예가 없거나 전례가 없는 경우에는 '유례없다類例없다'라는 말을 씁니다. '유래없다'라는 표현은 쓰지 않지요. '유래由來'는 '사물이나 일이 생겨남. 또는 그 사물이나 일이 생겨난 바'를 의미합니다. '유래를 찾다', '유래가 깊다'와 같이 씁니다.

✦ 유례없는 장마로 곰팡이가 많이 생겼대.

✦ 이상기후로 피해가 많네.

(으레)

　　표기가 낯설어 낯익은 표현으로 바꾸어 잘못 표기하는 일이 있습니다. '으레'가 그런 경우입니다. '으레'를 '의례'로 잘못 쓰는 경우를 자주 볼 수 있지요. '으레'는 순우리말로 '두말할 것 없이 당연히', '틀림없이 언제나'라는 의미를 지니고 있습니다. '의례依例'는 '전례에 의함'이라는 뜻을 가진 한자어이지요.

✦ 아들만 제사를 지내야 한다고 으레 여겨 왔어.

✦ 맞아, 전 세대에서 그렇게 했다고 비판 없이 의례했는데 이제는 바뀌겠지.

으스스하다와 으슬으슬

　　차거나 싫은 것이 몸에 닿아 크게 소름이 돋는 느낌이 있을 때 '으시시하다', '으실으실'과 같은 표현을 쓰는데 이는 잘못된 표기입니다. 바른 표기는 '으스스하다', '으슬으슬'이지요. '시골길에 아무도 없으니 왠지 으스스하다', '겨울이 되니 몸이 으슬으슬 떨려'라고 써야 합니다. '으시시하다'와 '으실으실'은 북한어입니다.

✦ 공포 영화를 보면 으스스해.

✦ 특히 소름 끼치는 소리! 몸이 절로 으슬으슬해지지.

이따가와
있다가

　　　발음이 비슷해서 헷갈리는 표현 중에 의미가 완전
히 다른 말들이 있습니다. '이따가'와 '있다가'도 한 예이지요. '이
따가 분수대 앞에서 보자', '있다가 분수대 앞에서 보자' 중 무엇
이 맞는 표기인지 알쏭달쏭합니다. '이따가'는 '조금 지난 뒤에'
라는 의미의 부사입니다. 이 뜻을 앞의 예문에 넣어 보면 '이따
가'가 맞는 표기임을 확인할 수 있지요. '있다가'는 '있다'에 어미
'다가'가 결합한 말입니다. '여기에 있다가 한 시간 뒤에 분수대
앞으로 가자'와 같이 '머물다'의 의미를 지닙니다.

✦ 이따가 백화점 앞에서 만나자.

✦ 그래, 나는 카페에서 좀 있다가 시간 맞춰 갈게.

이쁘다와
예쁘다

　　행동이 사랑스럽거나 생긴 모양이 아름다울 때 '이쁘다'라고 표현합니다. '너 정말 이쁘다', '이쁜 것만 좋아해' 처럼 쓰지요. '이쁘다'는 표준어가 된 지 얼마 안 되었습니다. 2015년 12월에 표준어로 등재됐지요. 그 이전에는 '예쁘다'만 이 표준어였습니다. 노랫말에도 많이 쓰이는 '이쁘다', 이제 표준어가 되었으니 맘껏 써도 되겠지요? 더불어 '이쁘장하다'도 '이쁘다'와 함께 표준어가 되었으니 적절한 상황에서 사용해 보세요.

✦ 선물을 포장하는 거야? 리본 예쁘다.

✦ 리본을 이쁘게 묶으면 선물이 더 돋보이지.

인마

친구끼리 친근하게 혹은 아랫사람을 속되게 부를 때 '임마'나 '인마'라고 하기도 합니다. 발음도 [임마], [인마]로 다르게 하지요. '이놈아'의 준말은 '인마'입니다. '놈'의 'ㄴ'이 앞에 붙어 '인'이 되는 것이지요. '임마'는 '인마'의 잘못된 표기입니다. 경남 방언으로는 '일마'라고 합니다.

✦ 과제를 이렇게 내려고? 이해를 도울 수 있는 그림이나 사진도 넣고, 근거를 뒷받침하는 조사 결과도 표로 넣어야지.

✦ 인마, 너나 잘해라.

일사불란

여럿이 질서를 지켜 빠르게 무언가 진행할 때 '일사불란하게 행사를 마무리하다', '일사불란하게 움직이다' 같은 표현을 씁니다. '일사불란一絲不亂'은 '한 오리 실도 엉키지 아니함'이라는 뜻의 한자성어입니다. 비유를 풀이하면 '질서가 정연하여 조금도 흐트러지지 아니함'이라는 뜻이지요. '아니함'을 의미하는 '불不'을 '분'으로 착각해 '일사분란'이라고 잘못 쓰는 경우가 있습니다. '분란紛亂을 일으키다'가 익숙하다 보니 잘못 쓰는 것이지요. '아니함'의 의미를 잘 기억해 두면 헷갈릴 일이 줄어듭니다. 질서 정연할 때는 '일사불란', 어수선하고 소란스러울 때는 '분란'을 기억하세요.

✦ 유치원 아이들이 선생님 말씀에 일사불란하게 움직이는 모습을 보면 어찌나 귀여운지.

✦ 분란이 많은 사회에서 아이들이 희망이지.

일찍이

　　발음 때문에 잘못 표기하는 일이 많습니다. 부사 '일찍'에 접사 '이'가 결합한 '일찍이'를 '일찌기'로 잘못 쓰는 경우도 여기에 속하지요. 발음은 [일찌기]지만 원형을 살려 '일찍이'로 써야 합니다. 부사를 만드는 접사 '이'는 원형을 살려서 쓰기 때문이지요. 접사 '이'는 다른 말을 만드는 데 자주 쓰이는 생산성이 높은 접사입니다. 그래서 발음대로 쓰지 않고 원형을 밝혀 적습니다. '멀찍이', '삐죽이'도 접사 '이'가 결합한 말입니다.

✦ K-POP이 사랑받기 전에 한국 드라마가 있었어.

✦ 맞아. 한국 드라마는 일찍이 외국에서 인기가 많았지.

(잊히다)

　　자주 틀리는 표현 중에는 잘못 쓴 피동 표현도 많습니다. '사람들에게 잊혀지는 게 싫어', '잊혀진 계절'에 쓰인 '잊혀지다'라는 표현, 익숙하지요? 그런데 이는 잘못된 표현입니다. '잊다'에 피동 접사 '히'와 '어지다'가 이중으로 결합한 말이기 때문이지요. 바른 표현은 '잊히다'입니다. '잊히는 게 싫어', '잊힌 계절'로 써야 합니다. 마찬가지로 '되어지다', '풀려지다' 같은 표현도 틀린 표현입니다. '되다', '풀리다'로 써야 맞지요.

✦ 수학여행에서 밤새 이야기했던 게 잊히지 않아.

✦ 그때는 해결 못 할 고민도 적었고 행복했지.

자주 헷갈리는
맞춤법
확인 문제

앞에서 익힌 바른 표기를 잘 기억하고 있는지 확인해 볼까요?
맞는 표기에 동그라미를 해 보세요.

1. 유도심문입니다. (　　)
   유도신문입니다. (　　)

2. 유래없는 폭풍이 예상된다. (　　)
   유례없는 폭풍이 예상된다. (　　)

3. 그런 일에는 으레 구설수가 따른다. (　　)
   그런 일에는 의례 구설수가 따른다. (　　)

4. 겨울이 다가오니 으슬으슬 추워지네. (　　)
   겨울이 다가오니 으실으실 추워지네. (　　)

5. 잠시 쉬고 이따가 다시 얘기합시다. (   )

    잠시 쉬고 있다가 다시 얘기합시다. (   )

6. 그 가수는 목소리가 정말 이쁘다. (   )

    그 가수는 목소리가 정말 예쁘다. (   )

7. 임마라고 부르지 마. (   )

    인마라고 부르지 마. (   )

8. 군대에서는 일사분란하게 움직여야 한다. (   )

    군대에서는 일사불란하게 움직여야 한다. (   )

9. 일찌기 재산을 나누어 주셨다. (   )

    일찍이 재산을 나누어 주셨다. (   )

10. 인터넷상에서 잊혀질 권리는 지켜져야 한다. (   )

    인터넷상에서 잊힐 권리는 지켜져야 한다. (   )

---

1. 유도신문입니다 2. 유례없는 3. 으레 4. 으슬으슬 5. 이따가 6. 이쁘다/예쁘다
7. 인마라고 8. 일사불란하게 9. 일찍이 10. 잊힐

잗다랗다

'항상 잗다란 걱정을 달고 산다', '들가에 핀 잗다란 풀들'처럼 '잗다란'으로 써야 할 곳에 '잘다란'으로 잘못 쓰는 경우를 봅니다. 아마도 '잗다랗다'의 기본 의미가 '꽤 잘다'로 '잘다'가 연상되기에 '잘다랗다'로 잘못 인식하고 있는 것이겠지요. '잗다랗다'는 '잘다'에 '다랗'이라는 접사가 붙어 이루어진 말이지만, 발음이 [잘]이 아니고 [잗]으로 변하기에 발음대로 '잗다랗다'로 씁니다. 다른 의미로 '아주 자질구레하다', '볼만한 가치가 없을 정도로 하찮다'가 있습니다.

✦ 승진 누락이 잗다란 일은 아니지.

✦ 그냥 내 마음속에 잗다란 일로 두어야 스트레스를 받지 않을 것 같아.

잠갔다

 '잠그다'는 일상생활에서 자주 쓰는 말입니다. 그런데 활용형은 잘못 쓰는 경우가 많지요. '수도꼭지를 꼭 잠궈', '방문을 잠궜어'는 모두 틀린 표현입니다. '잠가', '잠갔어'라고 써야 하지요. 기본형이 '잠구다'가 아닌 '잠그다'이기 때문입니다. '잠그'에 어미 '아'가 결합해서 'ㅡ'가 탈락하지요. 마찬가지로 '김치를 담가'를 '김치를 담궈'라고 하면 틀립니다.

✦ 엄마가 자꾸 내 일기를 훔쳐봐서 일기장을 자물쇠로 잠가 놓았어.

✦ 정말? 너희 어머니께서 직접 담가 주신 김치가 생각난다. 엄청 맛있었는데.

적잖다

　　'적잖다'는 '적지 아니하다'가 줄어든 말입니다. 뜻은 '적은 수나 양이 아니다'이지요. '나이가 적잖으니 이제 미래를 생각해', '어릴 때 시련이 적잖았다'와 같이 씁니다. 그런데 이를 '적쟎다'로 잘못 쓰는 경우가 종종 있습니다. '적지 아니하다'가 줄어들 때 '지'와 '아'가 축약되어 '쟈'로 줄어든다고 생각하기 때문이지요. '지'와 '아'가 결합할 때 '지'의 'ㅣ'가 탈락해 '자'가 되니 '적잖다'로 잘 기억해 두세요.

✦ 귀신 분장을 하고 갑자기 나타나서 적잖이 놀랐지?

✦ 아…… 아니거든! 같잖은 차림이라 비웃었을 뿐이야.

젓갈

인터넷 상점에서 '제철 젓갈', '오징어젓갈' 등 '젖갈'을 판다는 문구를 많이 봅니다. 이는 모두 틀린 표기입니다. '젓갈'이 바른 표기이지요. '젓'과 '젖'의 받침이 모두 [젇]으로 발음되어 헷갈리는 것입니다. '젓갈'의 '젓'은 '새우·조기·멸치 따위의 생선이나, 조개·생선의 알·창자 따위를 소금에 짜게 절이어 삭힌 음식'을 말합니다. 이 '젓'으로 만든 음식이 바로 젓갈이지요. 소리 나는 대로 쓴 '젇깔'도 틀린 표기이니 주의하시기 바랍니다.

✦ 김장을 담글 때 젓갈을 넣는 집이 있다고 하더라.

✦ 우리 집에서 김치에 젓갈을 잔뜩 넣는데 아주 맛있어.

제야와
재야

한 해의 마지막 날 제야의 종소리를 들으며 새해를 맞이합니다. 이때의 '제야除夜'는 '섣달그믐날 밤'이라는 뜻입니다. '그믐'은 '음력으로 그달의 마지막 날'을 말하지요. 그런데 '제야'를 '재야'로 잘못 쓰기도 합니다. '재야在野'는 '초야에 파묻혀 있다는 뜻으로, 공직에 나아가지 아니하고 민간에 있음을 이르는 말'입니다. '재야의 고수'처럼 씁니다. '제야'와 '재야'는 한자, 의미, 표기가 모두 다릅니다. 맥락에 맞게 구분해 쓰세요.

✦ 제야에는 밤 12시 이전에 잠들기 아쉬워.

✦ 조선 시대 재야의 선비들도 이때는 책을 놓고 새해 첫밤을 즐기지 않았을까?

제치다

       실력이 좋은 선수들이 참가한 경기는 손에 땀을 쥐게 합니다. 해설자의 설명에서도 긴장감이 느껴지지요. 이런 상황에서 잘못 쓰이는 말들이 있습니다. '1번 선수가 7번 선수를 제끼고 우승을 차지하다', '상대 팀을 가볍게 젖히고 이기다' 등이 그렇지요. 상대를 이기고 우위에 서는 경우에는 '제치다'라는 표현을 써야 합니다. 이 말은 '경쟁 상대보다 우위에 서다'라는 뜻이지요. '제끼다'는 사전에 등재되지 않은 표현입니다. '젖히다'는 뒤로 기울게 하거나 안쪽에 있는 것을 드러나게 할 때 쓰는 표현이지요.

✦ 아무리 이기고 싶어도 앞선 선수 옷을 잡아 젖히면 안 되지.

✦ 잘못했어. 그 선수를 너무나 제치고 싶었어.

(조리다와
졸이다)

고등어조림, 감자조림은 참 맛있는 반찬입니다. 많은 재료가 들어가지 않아도 되는 반찬이지요. 간혹 요리 방법을 설명할 때 '조리다'와 '졸이다'를 혼동해 사용합니다. '조리다'는 '양념을 한 고기나 생선, 채소 따위를 국물에 넣고 바짝 끓여서 양념이 배어들게 하다'라는 뜻입니다. '졸이다'는 '찌개, 국, 한약 따위의 물을 증발시켜 분량을 적어지게 하다'라는 뜻이지요. '생선을 조리다', '찌개를 졸이다'라고 써야 맞는 표기입니다. 양념을 배어들게 하면 '조리다'를, 물을 증발시키면 '졸이다'를 쓰면 됩니다.

✦ 갈치조림 먹고 싶다.
✦ 나는 바짝 졸인 된장찌개가 먹고 싶어.

조무래기

'자질구레한 물건'을 나타낼 때 '쪼무래기', '조무라기'를 쓰곤 합니다. '큰 것들은 다 팔리고 쪼무래기들만 남았다', '조무라기는 취급 안 해요'처럼 사용하지요. 그런데 이는 모두 틀린 표현입니다. 맞는 표기는 '조무래기'이지요. 원래 표준어는 '조무라기'였으나 '조무래기'가 더 많이 쓰여 표준어의 자리를 내주었습니다. '지푸라기'는 '지푸래기'로 발음하는 사람이 많지 않기 때문에 '지푸라기'가 표준어입니다.

✦ 오늘 장사는 성공이다. 조무래기만 남았어.

✦ 남은 건 우리가 가져가자.

(졸리다)

점심밥을 먹고 난 오후에 책상 앞에 앉으면 잠이 쏟아집니다. 따스한 햇살이 기분 좋은 봄에도 나른해져 잠이 솔솔 오지요. 이럴 때 '너무 졸립다', '너무 졸리다'라는 표현을 쓰는데 무엇이 맞는 표현일까요? '졸립다'는 틀린 표현입니다. 또한 기본형을 '졸립다'로 알고 '졸리운'으로 활용해 '졸리운 낮', '졸리운 봄'처럼 쓰는 것도 잘못된 표기이지요. '졸리다'가 규범 표기입니다. 활용형도 '졸린'으로 써야 합니다.

✦ 밥을 먹고 나면 너무나 졸려.

✦ 그래서 나는 오후에 꼭 커피를 마셔.

좇다와
쫓다

　　'좇다'와 '쫓다'는 형태가 비슷해서 의미와 용법이 헷갈리는 말들입니다. 올바르게 쓰려면 뜻을 정확하게 알아 둬야 하지요. '좇다'는 '목표, 이상, 행복 따위를 추구하다', '남의 말이나 뜻을 따르다' 등의 의미를 지니고 있습니다. '쫓다'는 '어떤 대상을 잡거나 만나기 위하여 뒤를 급히 따르다', '어떤 자리에서 떠나도록 몰다'라는 의미입니다. '좇다'는 관념적인 것을 추구하거나 따를 때 쓰고, '쫓다'는 물리적인 대상을 따라갈 때나 물리칠 때, 졸음이나 잡념 따위를 물리칠 때 씁니다.

✦　선생님의 뜻을 좇아 사회에 봉사하는 삶을 살아야겠어.

✦　그러려면 우리 안의 게으름부터 쫓아내야겠지?

자주 헷갈리는
맞춤법
확인 문제

✦ 10

✦

앞에서 익힌 바른 표기를 잘 기억하고 있는지 확인해 볼까요?
맞는 표기에 동그라미를 해 보세요.

1. 그 사람은 주위의 잘다란 것에 관심이 많다. (　)
   그 사람은 주위의 잗다란 것에 관심이 많다. (　)

2. 수도꼭지를 꽉 잠궈야 수도세를 아끼지. (　)
   수도꼭지를 꽉 잠가야 수도세를 아끼지. (　)

3. 우울증에 걸린 사람이 적쟎게 있어. (　)
   우울증에 걸린 사람이 적잖게 있어. (　)

4. 막걸리에는 오징어젓갈이 제격이지. (　)
   막걸리에는 오징어젖갈이 제격이지. (　)

5. 제야에 함께 새해를 맞이하자. (　)

   재야에 함께 새해를 맞이하자. (　)

6. 이번 시험에서 지난 시험 1등을 제꼈다. (　)

   이번 시험에서 지난 시험 1등을 제쳤다. (　)

7. 생선조림은 간 맞추는 게 핵심이야. (　)

   생선졸임은 간 맞추는 게 핵심이야. (　)

8. 내 앞에서는 모두가 조무라기들이지. (　)

   내 앞에서는 모두가 조무래기들이지. (　)

9. 과로해서 너무 졸립다. (　)

   과로해서 너무 졸리다. (　)

10. 토끼를 좇아가다 호랑이를 만났다. (　)

    토끼를 쫓아가다 호랑이를 만났다. (　)

---

1. 잗다란 2. 잠가야 3. 적잖게 4. 오징어젓갈이 5. 제야에 6. 제쳤다
7. 생선조림은 8. 조무래기들이지 9. 졸리다 10. 쫓아가다

주꾸미

식당의 차림표를 보면 음식 이름이 잘못 쓰인 경우가 많이 있습니다. '떡볶이'를 '떡볶기'로, '김치찌개'를 '김치찌게'로 쓰기 일쑤이지요. '주꾸미'도 많은 가게에서 '쭈꾸미'로 잘못 표기하고 있습니다. 발음을 [쭈꾸미]로 하여 표기도 틀리는데 바른 발음은 [주꾸미]입니다.

✦ 주꾸미는 양념에 무쳐 먹으면 맛있어. 주말에 요리해 먹을래?

✦ 그래, 좋아.

주책없다와
주책이다

    '술에 취해 주책없는 소리를 하다', '이 사람이 주책이야' 같은 표현을 써 본 적 있나요? 여기에 쓰인 '주책이다'는 2017년에 표준어로 등재됐습니다. 이전에는 '주책없다'만 표준어였지요. '주책'은 두 가지 의미를 지니고 있습니다. '주책없다'에서는 '일정하게 자리 잡힌 주장이나 판단력'이라는 뜻이고, '주책이다'에서는 '일정한 줏대가 없이 되는대로 하는 짓'이라는 뜻이지요. 서로 반대되는 의미를 동시에 갖고 있는 신기한 단어입니다.

    ✦ 주책없이 이리저리 휩쓸리면 발전할 수 없어.

    ✦ 맞아. 주책이 심한 사람이 되지 말아야지.

지긋이와
지그시

발음이 같지만 표기가 달라 잘못 쓰는 경우가 많습니다. '지긋이'와 '지그시'가 그렇지요. '지긋이'는 '-하다'가 붙은 '지긋하다'와 의미적 연관성이 큽니다. '지긋하다'는 '나이가 비교적 많아 듬직하다'라는 의미를 지닙니다. '지긋이'는 '나이가 비교적 많아 듬직하게'라는 뜻을 지니지요. 하지만 '지그시'는 '슬며시 힘을 주는 모양', '조용히 참고 견디는 모양'을 의미하여 '지긋이', '지긋하다'의 원래 의미와 차이가 있습니다. 이에 본래의 어근에서 멀어졌으므로 소리 나는 대로 '지그시'로 씁니다.

✦ 나이가 지긋이 든 어르신이 눈을 지그시 감고서 햇볕을 쬐고 있으시더라.

✦ 그 모습을 지그시 보노라니 우리의 평안한 노후를 생각하게 되더라.

지껄이다

발음대로 써서 틀리게 쓰는 말 중에 '지꺼리다'가 있습니다. 맞는 표기는 '지껄이다'이지요. 표준국어대사전에는 '지껄거리다'가 등재되어 있습니다. '지껄'처럼 '거리다'가 붙을 수 있는 말에 '이다'가 결합하면 원형을 밝혀 적습니다. 이에 '지껄이다'가 맞는 것이지요. '약간 큰 소리로 떠들썩하게 이야기하다'라는 의미입니다. '말하다'를 낮잡아 이를 때도 사용합니다.

✦ 지껄이는 사람이 저렇게 많은데 어떻게 카페에서 공부를 하지?

✦ 그렇게 지껄거리는 소리가 어떤 사람들에게는 안정감을 준대.

지르밟다

김소월 시인의 〈진달래꽃〉에 "사뿐히 즈려밟고 가시옵소서"라는 유명한 구절이 나옵니다. 이 때문에 '즈려밟다'를 규범 표기로 알고 있는 사람이 많습니다. 그런데 이는 틀린 표현입니다. '지르밟다'가 맞는 표기이지요. '지르밟다'는 '위에서 내리눌러 밟다'라는 의미를 지니고 있습니다. 시에서는 시인이 표현하고자 하는 감정이 있기 때문에 '즈려밟고'라는 표현이 허용된 것입니다. 이를 시적 허용이라고 하지요.

✦ 축구를 하다가 상대 선수가 실수로 내 발목을 지르밟았어.

✦ 아이고, 너무 아팠겠다.

집게

'개'와 '게'는 발음이 비슷해 자주 헷갈립니다. 여기에 속하는 말로 '베개', '베게'를 앞에서 살펴봤지요. 마찬가지로 '집게'와 '집개'를 헷갈리는 사람들도 많습니다. '물건을 집는 데 쓰는, 끝이 두 가닥으로 갈라진 도구'는 '집게'라고 써야 맞습니다. '집개'는 '집에서 기르는 개를 들개에 상대하여 이르는 말'입니다. 가리키는 대상이 전혀 다르지요? 뜻이 정확히 전달되도록 바른 표기를 써야 합니다.

✦ 고기를 뒤집으려면 집게가 필요하겠다.

✦ 내가 가져올게.

짓궂다

학생 때 유독 장난을 치는 친구들이 있었습니다. 장난의 정도가 그때그때 달라, 어떤 날에는 기분 좋게 넘어갈 수 있지만 어떨 때는 짜증이 나기도 합니다. 이럴 때 '짓궂은 장난을 치다', '짓궂게 굴다'라는 표현을 쓰지요. 그런데 '짓궂다'를 '짖궂다'로 잘못 쓰는 경우를 종종 봅니다. '짖'이라는 접사는 없기 때문에 '짓'으로 써야 합니다. 접사 '짓'은 '마구, 함부로, 몹시'의 뜻을 나타내며 '짓누르다', '짓이기다' 등에서 확인할 수 있습니다. '짓궂다'는 '장난스럽게 남을 괴롭고 귀찮게 하여 달갑지 아니하다'라는 뜻입니다.

✦ 강아지에게 짓궂게 구니까 너만 보면 짖잖아.

✦ 나는 그냥 심심할까 봐 강아지랑 놀아 준 건데. 내 마음을 모르다니.

짜깁기

인터넷상에서 흔히 보는 오류 중에 '짜집기'가 있습니다. 보통 '리포트를 짜집기해서 냈다'와 같이 많이 쓰지요. 그런데 '기존의 글이나 영화 따위를 편집하여 하나의 완성품으로 만드는 일'을 의미하는 말의 바른 표기는 '짜깁기'입니다. 기본 의미인 '직물의 찢어진 곳을 그 감의 올을 살려 본디대로 흠집 없이 짜서 깁는 일'의 의미가 확장된 것이지요. 즉 '짜깁기'는 직물과 관련되어 '짜고 깁는다'는 말이 합쳐져 만들어진 말입니다.

✦ 그 영화는 기존 영화를 짜깁기한 것 같아.

✦ 짜깁기가 티 나는 영화라면 볼 가치가 없겠다.

짜장면과
자장면

2011년에 표준어로 등재된 말 중에 가장 화제가 되었던 단어가 있습니다. '짜장면'입니다. 그동안 많은 사람이 [짜장면]이라고 발음하지만 표기는 '자장면'으로 써야 해서 자주 틀리는 말이었지요. 결국 많은 사람이 쓰는 '짜장면'이 복수 표준어로 등재되어 바른 표기가 되었습니다.

✦ 자장면이랑 짬뽕 중에 뭐 먹을래?

✦ 나는 짜장면 곱빼기 먹을래.

짤따랗다

우리말은 풍성합니다. 색을 표현하는 말도, 길이를 표현하는 말도, 무게를 표현하는 말도 매우 많지요. 그래서인지 잘못된 말도 많이 사용합니다. '짤따랗다', '짧다랗다', '짤다랗다', '짧따랗다'는 '짧다'와 접사 '다랗'이 결합된 말로 사람들이 많이 쓰고 있습니다. 이 중에 맞는 표기는 '짤따랗다'입니다. 어근이 겹받침으로 끝나고 접미사가 결합할 때, 겹받침의 뒷소리가 발음되지 않으면 소리대로 써야 하지요. 따라서 어근과 접사의 원형을 밝히지 않고 소리대로 '짤따랗다'로 써야 합니다.

✦ 나는 키가 작아서 높이 꽂혀 있는 책들은 꺼내기가 어려워.

✦ 내가 꺼내 줄게. 너는 짤따래서 더 귀여워.

자주 헷갈리는 맞춤법 확인 문제

✦ 10

앞에서 익힌 바른 표기를 잘 기억하고 있는지 확인해 볼까요?
맞는 표기에 동그라미를 해 보세요.

1. 주꾸미는 문어보다 작다. (   )
    쭈꾸미는 문어보다 작다. (   )

2. 밖에서 배우자 칭찬을 너무 하는 건 주책이야. (   )
    밖에서 배우자 칭찬을 너무 하는 건 주책없어. (   )

3. 좀 지긋이 기다리자. (   )
    좀 지그시 기다리자. (   )

4. 옆에서 지꺼리지 말고 좀 떨어져라. (   )
    옆에서 지껄이지 말고 좀 떨어져라. (   )

5. 사뿐히 즈려밟고 이겨주겠다. (　)

   사뿐히 지르밟고 이겨주겠다. (　)

6. 집게로 고기를 집으면 편하다. (　)

   집개로 고기를 집으면 편하다. (　)

7. 아이가 커 갈수록 짖궂은 장난을 많이 치네. (　)

   아이가 커 갈수록 짓궂은 장난을 많이 치네. (　)

8. 기존 아이디어를 짜집기한 보고서를 제출하다니. (　)

   기존 아이디어를 짜깁기한 보고서를 제출하다니. (　)

9. 짜장면 곱빼기 주세요. (　)

   자장면 곱빼기 주세요. (　)

10. 손가락이 너무 짤다래서 볼품없어. (　)

    손가락이 너무 짤따래서 볼품없어. (　)

---

1. 주꾸미는 2. 주책이야/주책없어 3. 지그시 4. 지껄이지 5. 지르밟고
6. 집게로 7. 짓궂은 8. 짜깁기한 9. 짜장면/자장면 10. 짤따래서

짤막하다

'짤막하다'는 '짧다'와 연관성이 확실하게 보이는 말입니다. 그래서 '짧막하다'처럼 '짧'을 살려 쓰기도 합니다. 하지만 '짧막하다'는 틀린 표기입니다. 겹받침에서 둘째 자음이 소리 나지 않으면 발음대로 써야 하기 때문이지요. [짭]이 아니라 [짤]로 발음되기 때문에 '짤막하다'로 써야 합니다.

✦ 교장 선생님의 훈화는 짤막할수록 좋아.

✦ 하지만 슬프게도 그런 교장 선생님이 많지 않아.

짭짤하다

간이 싱거운 음식이 건강에 좋지만 짠맛이 조금은 느껴져야 먹기 좋지요. '짭짤하다'와 '짭잘하다' 중 무엇이 맞는 표기일까요? 한 단어 안에서 같은 음절이나 비슷한 음절이 겹쳐 날 때는 같은 글자로 적어야 합니다. 따라서 '짭짤하다'로 써야 하지요. 마찬가지로 '씁쓸하다'를 '씁슬하다'로 쓰면 안 됩니다. '짭짤하다'의 의미는 '감칠맛이 있게 조금 짜다'입니다. 맛이 없이 조금 짤 때는 '찝찔하다'라고 쓸 수 있습니다. '짭짤'은 맛있고 '찝찔'은 맛없다고 기억하면 쉽겠지요?

✦ 설렁탕에 소금을 넣어 봐. 조금 짭짤해서 더 맛있어.

✦ 너무 조금 넣으면 찝찔해질 수도 있어.

쩨쩨하다

예전에 유명했던 노래 〈사노라면〉에는 "쩨쩨하게 굴지 말고 가슴을 확 펴라"라는 가사가 나옵니다. 여기에 쓰인 '쩨쩨하다'를 '째째하다'로 잘못 쓰기도 합니다. '에'와 '애'의 발음이 비슷해 잘못 쓰는 것이지요. '너무 적거나 하찮아서 시시하고 신통치 않다'라는 의미를 가진 말은 '쩨쩨하다'입니다.

✦ 승진도 했는데 쩨쩨하게 굴지 말고 팀원들한테 한턱내는 게 어때?

✦ 그래, 알았어. 소고기 예약!

찌개

식당 차림표나 간판에 '김치찌게'라고 적혀 있는 경우를 흔히 봅니다. 예능 프로그램에서 맞춤법 퀴즈를 할 때 단골 문제로 나오기도 합니다. 출연자가 한참을 고민하다 '찌게'로 적으면 마치 내가 맞춤법을 틀린 듯 창피해지곤 하지요. 맞는 표기는 '찌개'입니다. '찌개'는 '뚝배기나 작은 냄비에 국물을 바특하게 잡아 고기, 채소, 두부 따위를 넣고 간장, 된장, 고추장, 젓국 따위를 쳐서 갖은양념을 하여 끓인 반찬'이라는 뜻입니다.

✦ 먹고 싶은 거 있어?

✦ 엄마표 찌개가 먹고 싶어.

찌뿌둥하다와
찌뿌듯하다

몸살이 나면 몸이 무겁고 이곳저곳 쑤시지요. 이 럴 때 쓰는 표현이 있습니다. '감기 때문에 몸이 찌뿌둥해', '왜 얼굴이 그렇게 찌뿌둥해 있어?'처럼 몸이 좋지 않거나 언짢은 일이 있을 때 '찌뿌둥하다'를 씁니다. 뜻은 '몸살이나 감기 따위로 몸이 무겁고 거북하다', '표정이나 기분이 밝지 못하고 언짢다', '비나 눈이 올 것같이 날씨가 궂거나 잔뜩 흐리다'이지요. '찌뿌둥하다'는 2011년에 표준어로 등재됐습니다. 이전에는 '찌뿌듯하다'만 표준어였지요. '찌뿌듯하다'는 '찌뿌둥하다'보다 정도가 약할 때 사용합니다.

✦ 주말에 캠핑 가서 밖에 오래 있었더니 감기에 걸렸나 봐. 몸이 찌뿌둥하네.

✦ 따뜻한 차라도 마실래?

차돌박이

고기의 종류는 매우 다양합니다. 크게는 닭고기, 돼지고기, 소고기로 나눌 수 있고 자세하게는 부위로 나눌 수 있지요. 각 부위마다 이름을 갖고 있어 어느 부위인지 헷갈릴 때는 찾아봐야 합니다. '차돌박이'는 '소의 양지머리뼈의 한복판에 붙은 기름진 고기' 부위를 가리키는 말입니다. 그런데 이 말을 '차돌배기'로 잘못 쓰곤 합니다. 아마도 '뚝배기'나 '고들빼기'처럼 '배기'가 쓰여야 한다고 착각해 잘못 쓰는 것이겠지요. 소고기의 한 부위를 나타내는 말은 '차돌박이'라는 사실, 기억해 두세요.

✦ 오늘은 된장찌개가 먹고 싶어.
✦ 그럼 점심에 차돌박이 된장찌개를 먹자.

찰지다와
차지다

　　여러분도 찰진 음식을 좋아하나요? '찰지다'는 '반
죽이나 밥, 떡 따위가 끈기가 많다'라는 의미를 지니고 있습니
다. '찰진 밥이 더 좋아', '쫀득쫀득 찰진 꽈배기가 먹고 싶다'처
럼 쓰지요. 원래는 '차지다'만 표준어였고, 2015년에 '찰지다'도
표준어로 등재됐지요. '찰지다'가 늦게 표준어가 되었지만 원래
는 '차지다'보다 먼저 쓰인 말입니다. '찰흙'에서도 '찰'의 형태를
찾을 수 있지요. '찰지다'와 '차지다'는 의미가 같은 복수 표준어
이니 둘 중 어떤 말을 써도 괜찮습니다.

✦ 밥을 찰지게 하면 윤기가 흘러.

✦ 나도 된밥보다 차진 밥이 좋더라.

체와 채

　　'ㅔ'와 'ㅐ'는 발음이 비슷해 헷갈리는 말이 많다고 했지요. '체'와 '채'도 마찬가지입니다. '모르는 체하다', '모르는 채하다', '차가 멈춘 채', '차가 멈춘 체' 중 무엇이 맞는지 헷갈립니다. '체'는 '그럴듯하게 꾸미는 거짓 태도나 모양'을 일컫는 말입니다. '알면서도 모르는 체', '보아 놓고도 못 본 체'처럼 거짓의 상황에 쓰이지요. '채'는 '이미 있는 상태 그대로 있다는 뜻을 나타내는 말'입니다. '비를 맞은 채로 서 있었다', '총에 맞은 채 쓰러졌다'처럼 있는 그대로의 상황을 나타낼 때 쓰입니다. '체'는 거짓, '채'는 있는 상태와 연결해 기억하세요.

✦　나를 보고도 못 본 체 인사도 안 하는 거야?

✦　그게 아니라 놀라서 멈춘 채 있었던 거야.

쳇바퀴

귀여운 햄스터를 생각하면 함께 떠오르는 물건이 있습니다. 바로 '쳇바퀴'입니다. '쳇바퀴'는 '체의 몸이 되는 부분'을 말합니다. 그런데 간혹 '쳇바퀴'를 '챗바퀴'로 잘못 쓰는 경우가 있습니다. '쳇바퀴'는 '체'와 '바퀴'가 결합한 말입니다. 원래의 '체'를 기억해 둔다면 헷갈리지 않겠지요?

✦ 다람쥐 쳇바퀴 돌듯 반복되는 일상이 지겨워.

✦ 주말에 근교에 바람이라도 쐬러 가자.

(추근거리다와
치근거리다)

       다른 사람이 자꾸 귀찮게 굴면 신경이 쓰입니다. 그럴 때 '옆에서 추근거리지 말고 저리 가', '치근거린다고 느껴지면 멀리해야지'와 같은 표현을 씁니다. '추근거리다'와 '치근거리다'는 둘 다 표준어입니다. '추근거리다'는 비표준어였다가 2011년에 표준어로 등재됐지요. 의미는 '조금 성가실 정도로 은근히 자꾸 귀찮게 굴다'입니다. '치근거리다'보다 정도가 조금 덜할 때 씁니다. 여기서 잠깐! '추근덕거리다'라는 표현도 자주 볼 수 있는데, 이는 잘못된 표현이라서 '추근거리다'로 고쳐 써야 합니다. '추근대다'도 '추근거리다'와 같은 의미로 쓸 수 있는 표준어입니다.

✦ 앞으로도 계속 추근거리면 나한테 말해.

✦ 추근대지 말라고 경고했으니까 이제 안 하겠지.

자주 헷갈리는
맞춤법
확인 문제

✦

앞에서 익힌 바른 표기를 잘 기억하고 있는지 확인해 볼까요?
맞는 표기에 동그라미를 해 보세요.

1. 연필이 짧막해졌다. (　)
   연필이 짤막해졌다. (　)

2. 해산물이라 역시 짭잘하다. (　)
   해산물이라 역시 짭짤하다. (　)

3. 친구 간에 쩨쩨하게 굴지 말자. (　)
   친구 간에 째째하게 굴지 말자. (　)

4. 된장찌게에 두부를 꼭 넣어야지. (　)
   된장찌개에 두부를 꼭 넣어야지. (　)

5. 충분히 쉬지 못해서 몸이 찌뿌듯해. ( )

   충분히 쉬지 못해서 몸이 찌뿌둥해. ( )

6. 차돌배기는 구워 먹어야지. ( )

   차돌박이는 구워 먹어야지. ( )

7. 찰진 밥에 김 하나면 한 끼 뚝딱이지. ( )

   차진 밥에 김 하나면 한 끼 뚝딱이지. ( )

8. 시곗바늘이 멈춘 체 시간만 흘러간다. ( )

   시곗바늘이 멈춘 채 시간만 흘러간다. ( )

9. 설치류에게는 쳇바퀴가 필요하다. ( )

   설치류에게는 챗바퀴가 필요하다. ( )

10. 쓸데없이 추근덕거리는 모습이 싫다. ( )

    쓸데없이 추근거리는 모습이 싫다. ( )

---

1. 짤막해졌다 2. 짭짤하다 3. 쩨쩨하게 4. 된장찌개에 5. 찌뿌듯해/찌뿌둥해
6. 차돌박이는 7. 찰진/차진 8. 채 9. 쳇바퀴가 10. 추근거리는

통째

    '닭을 통째로 구워 먹으면 맛있어.' 여기에 쓰인 '통째'는 '나누지 아니한 덩어리 전부'를 의미합니다. 그런데 '통째'를 '통채'로 잘못 쓰고 읽기도 합니다. '통'과 의존명사 '채'의 결합으로 잘못 알고 쓰는 것이지요. '통째'는 '통'과 접사 '째'가 결합한 말입니다. '째'는 '전부', '그대로'의 의미를 지니고 있습니다. 접사 '째'가 결합된 말에는 '뿌리째', '껍질째'도 있습니다.

   ✦ 옛날 통닭은 통째로 구워서 주었는데.

   ✦ 요즘에도 그런 가게가 있을걸.

(파투)

　　일이 잘못되어 흐지부지됐을 때 '파투가 났다'고
표현합니다. '파투破鬪'는 '화투 놀이에서, 잘못되어 판이 무효가
되거나 그렇게 되게 함'이라는 의미입니다. 그런데 이를 '파토'
로 잘못 쓰는 경우도 쉽게 볼 수 있습니다. 한자 '투鬪'가 싸움을
의미하는 말이니 헷갈리지 마세요. 화투花鬪에도 이 한자가 쓰이
며 '화花'는 딱지에 매화, 벚꽃, 난초, 모란, 국화와 같은 꽃 그림
이 많아서 붙었습니다.

✦ 동업자 둘이 심하게 싸워 사업이 파투가 나 버렸어.

✦ 아이고, 투자금을 회수하지 못하면 가정도 파투가 날
　텐데.

패륜

요즘 어느 나라에나 믿을 수 없는 사건이 많이 일어나고 있습니다. '부모를 살인한 패륜 사건', '보험금 욕심으로 가족을 해한 패륜'처럼 뉴스에서 '패륜'이라는 단어를 종종 볼 수 있지요. '패륜'은 '인간으로서 마땅히 하여야 할 도리에 어그러짐. 또는 그런 현상'을 말합니다. '불륜'이 주로 부부나 애정 관계에서 쓰이는 말이라면, '패륜'은 가족 간 사건에서 많이 쓰입니다. '패륜'을 '폐륜'이라고 잘못 쓰기도 하는데 '패륜悖倫'에 쓰는 한자는 '어그러질, 거스를 패'입니다. 한자를 함께 공부하면 맞춤법 틀리는 일을 줄일 수 있습니다.

✦ 패륜은 절대 저지르면 안 되는 일이야.

✦ 올바른 가치관을 가진 사람이라면 패륜을 저지르지는 않지.

퍼레지다

우리말에는 색을 표현하는 말이 매우 다양하게 있습니다. '파랗다'보다 색이 탁할 경우에는 '퍼렇다'를 씁니다. '퍼레지다'는 '퍼렇다'에서 파생된 말이지요. 이 말을 '퍼래지다'라고 잘못 쓰는 경우가 많습니다. '퍼래지다'는 모음조화가 지켜지지 않은 말입니다. '래'는 '파래지다'처럼 '파랗다'와 관련되어 써야 하지요. 원형이 '퍼렇다'이기에 음성모음을 살려 '퍼레지다'로 써야 맞습니다. 마찬가지로 '빨갛다'는 '빨개지다'와 어울리며, '뻘겋다'는 '뻘게지다'와 어울립니다.

✦ 늦여름이라 숲이 더 퍼레졌어.

✦ 나뭇잎들이 파래지다가 더 짙어져서 퍼레졌으니까.

품새와 품세

태권도는 우리나라 고유의 전통 무예를 바탕으로 한 운동입니다. 우리나라를 떠올리면 태권도를 먼저 말하는 외국인들도 있지요. 태권도와 관련해 자주 쓰이는 말에 '품새'와 '품세'가 있습니다. '태권도 품새', '태권도 품세'처럼 쓰지요. '품새'와 '품세'는 모두 표준어입니다. 뜻은 '태권도에서, 공격과 방어의 기본 기술을 연결한 연속 동작'입니다. 원래는 '품새'만을 표준어로 삼다가 2011년에 '품세'도 복수 표준어로 등재됐지요. 마찬가지로 2011년에 '택견'이 표준어로 등재되어 '태껸'과 '택견' 둘 다 맞는 표현입니다.

✦ 품세만 보는 태권도 경기 종목이 있대.

✦ 오, 한번 보고 싶다.

하노라고와
하느라고

　'하노라고'와 '하느라고'는 발음과 형태가 비슷해 자주 헷갈리는 표현들입니다. 이 둘을 구분해 사용하려면 연결어미의 뜻을 파악해야 합니다. '하노라고'의 '노라고'는 '자기 나름대로 꽤 노력했음을 나타내는 연결어미'입니다. '하노라고 했는데 실패했다'처럼 쓰이지요. '하느라고'의 '느라고'는 '앞 절의 사태가 뒤 절의 사태에 목적이나 원인이 됨을 나타내는 연결어미'입니다. '뭘 하느라고 이렇게 늦었니?'처럼 씁니다. 연결어미의 뜻을 기억해 뒀다가 맥락에 맞게 사용하세요.

+ 내 딴에는 하노라고 했는데 좋은 점수를 받을 수 있을지 모르겠어.
+ 애썼으니 좋은 결과가 나올 거야.

(하마터면)

일상에서 크고 작은 위험한 상황을 경험합니다. 버스를 놓쳐 지각할 뻔하기도 하고, 급하게 횡단보도를 건너다 교통사고가 날 뻔하기도 하지요. 이처럼 위험한 상황을 겨우 벗어났을 때 '하마터면'이라는 표현을 씁니다. '하마터면 버스를 놓칠 뻔했다', '하마터면 넘어질 뻔했어'처럼 사용하지요. 이를 '하마트면'으로 잘못 말하고 쓰는 경우가 있습니다. '하마트문'이라고 말하기도 하는데 이는 경기, 전남 방언입니다. 규범 표기는 '하마터면'이니 헷갈리지 마세요.

✦ 하마터면 자동차와 부딪칠 뻔했어. 건널목에서는 휴대전화를 보지 말아야지.

✦ 큰일 날 뻔했네. 걸으면서 휴대전화를 보면 안 돼.

하여튼

'하여튼'은 '의견이나 일의 성질, 형편, 상태 따위가 어떻게 되어 있든'이라는 의미를 지닌 말입니다. '성격은 나빠도 하여튼 얼굴은 참 잘생겼어'처럼 쓰이지요. 그런데 간혹 이 말을 '하옇든'으로 잘못 쓰는 경우가 있습니다. '튼'을 'ㅎ'과 '든'으로 나누어 생각하는 것이 반영된 표기이지요. '하여튼'은 '하옇'에 '든'이 결합한 말이 아닙니다. 한자어 '하여何如'에 '튼'이 결합한 말입니다. 한자의 순서를 바꾸어 '여하튼如何튼'으로 쓰기도 합니다.

✦ 하여튼 기한에 제출만 하면 되니까 질이나 양은 크게 신경 쓰지 않아도 돼.

✦ 여하튼 늦지 않게만 할게.

(한가락)

     가끔 거나하게 취한 어르신이 '내가 젊을 적에는 한가닥 하는 사람이었다고'라며 허세를 부리는 모습을 보곤 합니다. 그런데 이때의 '한가닥'은 틀린 표현입니다. 맞는 표현은 '한가락'이지요. '한가락'은 '어떤 방면에서 썩 훌륭한 재주나 솜씨'를 말합니다. '한가닥'은 '한가락'의 강원 방언입니다. 소중한 방언은 지키되 공식적인 자리나 문서에서는 표준어를 써야겠지요?

    ✦ 여기에 모인 의사들은 모두 자기 분야에서 한가락씩 하는 사람들이니 걱정 말아요.

    ✦ 한 가닥 희망의 빛이 보이네요.

(할걸과
할게)

　　일상생활에서 자주 쓰는 표현에 '할걸'과 '할게'가
있습니다. '내가 먼저 사과할게', '내가 먼저 사과할걸'처럼 종결
어미로 'ㄹ게'와 'ㄹ걸'을 자주 사용하지요. 이를 '할께', '할껄'과
같이 쌍자음을 사용해 쓰는 경우가 많은데 이는 틀린 표기입니
다. [할께], [할껄]로 발음되어 소리대로 써서 틀리는 것이지요.
발음은 된소리로 나지만 쌍자음으로 쓰지는 않으니 주의하세요.

✦　청소는 내가 할게. 너는 설거지를 해 줘.

✦　아, 설거지할 게 엄청 많네. 청소를 할걸.

자주 헷갈리는
맞춤법
확인 문제

✦

앞에서 익힌 바른 표기를 잘 기억하고 있는지 확인해 볼까요?
맞는 표기에 동그라미를 해 보세요.

1. 작은 자두는 통째로 먹을 수 있다. (　)
   작은 자두는 통채로 먹을 수 있다. (　)

2. 주정꾼 때문에 술자리가 파투가 났다. (　)
   주정꾼 때문에 술자리가 파토가 났다. (　)

3. 살면서 패륜은 절대 저지르면 안 된다. (　)
   살면서 폐륜은 절대 저지르면 안 된다. (　)

4. 멍이 점점 퍼래지고 있다. (　)
   멍이 점점 퍼레지고 있다. (　)

5. 아이의 태권도 품새 동작이 일품이다. (   )

   아이의 태권도 품세 동작이 일품이다. (   )

6. 하노라고 한 게 이 모양이다. (   )

   하느라고 한 게 이 모양이다. (   )

7. 하마트면 기한을 넘길 뻔했다. (   )

   하마터면 기한을 넘길 뻔했다. (   )

8. 힘들었지만 하옇든 마무리는 좋았다. (   )

   힘들었지만 하여튼 마무리는 좋았다. (   )

9. 아버지가 회사원 시절에 한가락 하셨다. (   )

   아버지가 회사원 시절에 한가닥 하셨다. (   )

10. 조금만 일찍 도착할껄. (   )

    조금만 일찍 도착할걸. (   )

---

1. 통째로 2. 파투가 3. 패륜은 4. 퍼레지고 5. 품새/품세
6. 하노라고 7. 하마터면 8. 하여튼 9. 한가락 10. 도착할걸

(할는지)

누구나 미래를 계획하지 않더라도 막연히 미래를 그려 보곤 합니다. 그 미래를 밝고 행복하게 만들고자 노력하며 살지요. 그러다 막막할 때면 '앞으로 무슨 일을 해야 할런지 모르겠어'라고 말하며 답답한 마음을 풀기도 합니다. 이때 쓰인 '할런지'는 '할는지'를 잘못 쓴 표현입니다. '런지'라는 어미는 존재하지 않습니다. '할는지'는 '하다'에 추측이나 가능성을 나타내는 어미 'ㄹ'과 '는지'가 결합된 말입니다. '는지'는 '막연한 의문이 있는 채로 그것을 뒤 절의 사실이나 판단과 관련시키는 데 쓰는 연결어미'입니다.

✦ 내가 간다고 친구가 비싼 제작 도구를 빌려줄는지 모르겠어.

✦ 우리를 도울는지 안 도울는지 몰라도 시도는 해 보자.

합격률

　　고등학교에서는 학생들의 대학 합격률에 매우 신경을 씁니다. 선생님들은 학생들을 바른 길로 인도하면서 더 좋은 대학에 많이 보내고자 하는 목표도 갖고 있지요. '률'과 '율'은 사람들이 많이 헷갈려 하는 말들입니다. '합격률'과 '합격율' 중 맞는 말은 무엇일까요? '률'은 'ㄴ' 받침이나 모음 뒤에서는 '율'로 표기합니다. 따라서 '합격률'이 맞지요. '교정률', '출생률', '생산율', '비율' 등에도 적용할 수 있습니다. 여기서 '출생률'이 낯선 사람들도 있을 것입니다. 그동안 '출산율'이라고 많이 표현했으나, '출산'은 어머니의 책임을 강조하고 '출생'은 아이의 탄생 자체에 주목하기 때문에 '출생률'이라고 바꾸어 표현하는 것이 좋습니다.

✦ 학생 수가 줄어들어서 대학 합격률은 높아지고 있어.

✦ 백분율로 따지면 학생 수가 30년 전에 비해 50퍼센트밖에 안 되니까.

해코지

여러분은 싫어하는 사람이 있나요? 싫어하거나 미워하는 사람이 있다고 하더라도 그 사람을 해치려고 한 적은 없을 것입니다. 보통의 사람들은 올바르지 않은 행동이라는 점을 알기 때문에 부정적인 감정을 참고, 다른 행동으로 해소하며 삽니다. 그런데 간혹 그 마음을 누르지 못하고 해코지하는 사람이 있습니다. '해코지'는 '남을 해치고자 하는 짓'입니다. 한자어 '해害'에 '코지'가 결합된 말이지요. 가끔 '해꼬지'로 잘못 쓰는 경우가 있는데 이 말은 경남 방언입니다.

✦ 지난번 회사 모꼬지에서 불량배가 훼방을 놓았대.

✦ 이번에는 그런 해코지 없이 무사히 치렀으면 좋겠네요.

햴쑥하다

아픈 사람은 얼굴에 핏기가 없고 초췌해 보입니다. 그럴 때 '감기 때문에 얼굴이 햴쑥하다'처럼 표현하지요. '햴쑥하다'는 얼굴에 핏기가 없고 파리할 때 쓰는 말입니다. '햴쑥하다'를 '햴쓱하다', '햴슥하다'로 잘못 읽고 쓰는 경우가 있습니다. 하지만 이는 틀린 표현으로 바른 표기는 '햴쑥하다'입니다. 참고로 '쓱하다'가 쓰이는 말로 '머쓱하다'가 있습니다. '머쓱하다'는 '창피를 당하거나 흥이 꺾여 어색하고 부끄럽다'라는 뜻을 갖고 있지요.

✦ 얼굴이 햴쑥하네요. 어디 아파요?

✦ 잠을 설쳐서 그런가 봐요.

허섭스레기와
허접쓰레기

새해에 큰마음 먹고 방 청소를 하면 낡고 헌 물건들이 많이 보입니다. 오랜 시간 사용해 허름해져 더 이상 가치가 없는 물건들도 있지요. 이처럼 가치가 없고 허름한 물건을 '허접쓰레기'라고 표현합니다. 원래 이 말은 표준어가 아니었다가 2011년에야 표준어로 등재됐습니다. 이전에는 '허섭스레기'만 표준어였는데 언중들이 '허접쓰레기'를 많이 사용하여 표준어가 되었지요. '허섭스레기', '허접쓰레기' 모두 맞는 표현이니 그때그때 사용하고 싶은 표현을 사용해 보세요.

✦ 이삿짐을 정리하니까 허섭스레기들이 많이 남았네.
✦ 당시에는 좋았어도 시간이 지나면 허접쓰레기가 되는 물건들이 있지.

허섭하다와
허접하다

　　방금 살펴본 '허섭스레기', '허접쓰레기'처럼 '허섭하다'와 '허접하다'도 닮은 구석이 많은 말입니다. '허섭하다'는 '좋은 것이 없고 허름하다'라는 의미를 지닙니다. '허접하다'는 '허름하고 잡스럽다'라는 의미입니다. 조금 다른 점이 있다면 '허접하다'에 '잡스럽다'라는 의미가 더해졌습니다. '허접하다'는 2014년에야 표준어로 등재됐습니다. 이전에는 '허접스럽다'만이 표준어였지요. '허접스럽다'는 '허름하고 잡스러운 느낌이 있다'라는 의미를 지닌 말로 '허접하다'와는 그 의미가 조금 다릅니다.

✦　이 의자는 잡스럽지는 않지만 허름해서 좀 허섭하구나.

✦　이 장신구는 허름한 데다 장식 모양이 잡스러워서 허접해.

홀몸과
홑몸

'임신하지 않아서 홀몸이다', '임신하지 않아서 홑몸이다' 중에 어떤 표현이 맞을까요? '홀몸'은 '배우자나 형제가 없는 사람'을 말하고 '홑몸'은 '딸린 사람이 없는 혼자의 몸', '아이를 배지 아니한 몸'을 일컫습니다. 뜻을 보니 앞의 예에서는 '홑몸'이라고 써야 맞겠지요? 배우자나 형제가 없으면 '홀몸'을 쓰고, 자식까지 포함하여 가족이 없으면 '홑몸'을 씁니다.

✦ 제 어머니는 전쟁으로 남편을 잃고 홀몸으로 아이 셋을 키우셨어요.

✦ 홑몸이 아니었으니 생계는 더 힘들었겠지만 자식 덕에 위로도 많이 받으셨을 거예요.

(화병)

　　우리나라에서만 볼 수 있는 병이 있습니다. '화병'
입니다. 미국 정신의학회에서도 '화병'을 'Hwa-byung'이라고 표
기할 정도이지요. 억울해서 답답하고 화가 나는 상태를 가리키
는 말은 '화병'일까요, '홧병'일까요? [화뼝]으로 소리 나기 때문
에 사이시옷을 넣어 '홧병'이라고 써야 할 것 같지만 '화병'이 맞
는 표기입니다. 사잇소리 표기를 하려면 구성되는 두 말 중 하
나는 반드시 고유어여야 합니다. '화병火病'은 한자어로 이루어
진 말이기에 사이시옷을 적지 않습니다. 참고로 꽃을 꽂는 '화
병花瓶'은 [화병]이라고 발음해야 합니다.

✦ 스트레스를 너무 받으면 화병이 생겨날 수 있어.

✦ 책상에 화병을 놓아 봐. 꽃을 꽂아 놓으면 스트레스가
　해소될 수도 있어.

희로애락

아무리 힘든 일이 일어나도 곧 좋은 일이 생기고 그러다 또 슬픈 일이 생기기도 합니다. 삶은 희로애락의 연속이지요. 그런데 '희로애락'를 '희노애락'으로 잘못 쓰는 경우가 자주 있습니다. '희로애락喜怒哀樂'은 '기쁨과 노여움과 슬픔과 즐거움을 아울러 이르는 말'입니다. 그런데 노여움을 나타내는 '노怒' 때문에 '희노애락'으로 쓰곤 하지요. 하지만 이는 틀린 표기입니다. '노'가 모음 뒤에서 부드럽게 발음되는 '로'로 바뀌어 소리 나기 때문에 '희로애락'으로 써야 합니다. 같은 예로 크게 화낼 때쓰는 말인 '대로大怒'가 있습니다. 같은 한자를 쓰는 '격노激怒'에 '로'가 쓰이지 않은 것과 차이가 있지요.

✦ 인생은 희로애락의 반복이야.

✦ 나는 상사의 격노와 대로만 없으면 평온할 것 같아.

(희한하다)

　　　　매우 드물거나 신기한 것을 표현할 때 '희한하다'
를 씁니다. '참 희한한 일이야'처럼 사용하지요. '희한하다'는 한
자 '드물 희稀', '드물 한罕'과 접사 '하다'가 결합한 말입니다. 이를
'희안하다'로 잘못 쓰는 경우가 많습니다, 아마, '한'과 '안'의 발
음을 구별하지 못해 잘못 쓰는 것이겠지요. '드물다'라는 의미를
가진 한자 '희'와 '한'의 결합으로 기억해 두세요.

　　✦ 누가 초인종을 눌러서 나가 보니 아무도 없었어.

　　✦ 그것 참 희한한 일이네.

자주 헷갈리는
맞춤법
확인 문제

✦

앞에서 익힌 바른 표기를 잘 기억하고 있는지 확인해 볼까요?
맞는 표기에 동그라미를 해 보세요.

1. 네가 어떻게 생각할런지 모르겠다. (   )
    네가 어떻게 생각할는지 모르겠다. (   )

2. 최근 상위 대학 합격률이 좋다. (   )
    최근 상위 대학 합격율이 좋다. (   )

3. 원한을 사서 해꼬지를 당할까 봐 걱정된다. (   )
    원한을 사서 해코지를 당할까 봐 걱정된다. (   )

4. 며칠째 야간 근무라 얼굴이 핼쓱해졌다. (   )
    며칠째 야간 근무라 얼굴이 핼쑥해졌다. (   )

5. 그런 허접스레기 같은 조언은 멈춰. ( )

   그런 허접쓰레기 같은 조언은 멈춰. ( )

6. 이 의자는 허름한데 잡스럽지는 않아서 허섭하다. ( )

   이 의자는 허름한데 잡스럽지는 않아서 허접하다. ( )

7. 아이를 배서 홀몸이 아니라 힘들다. ( )

   아이를 배서 홑몸이 아니라 힘들다. ( )

8. 화병이 났을 때 잘 풀어 주어야 해. ( )

   홧병이 났을 때 잘 풀어 주어야 해. ( )

9. 그 드라마에는 희로애락이 모두 담겨 있다. ( )

   그 드라마에는 희노애락이 모두 담겨 있다. ( )

10. 외국에서 희안한 풍경을 볼 수 있다. ( )

    외국에서 희한한 풍경을 볼 수 있다. ( )

---

1. 생각할는지 2. 합격률이 3. 해코지를 4. 핼쑥해졌다 5. 허접쓰레기
6. 허섭하다 7. 홑몸이 8. 화병이 9. 희로애락이 10. 희한한

✦

한글 맞춤법, 표준어 규정 등 어문규범에 맞는
반듯한 글이 반듯한 사람을 드러냅니다.

쉬워요 맞춤법!

초판 1쇄 2024년 4월 30일
초판 2쇄 2024년 9월 25일

지은이 진정
펴낸이 정은영
편집 정지연
마케팅 정원식
디자인 마인드윙

펴낸곳 마리북스
출판등록 제2019-000292호
주소 (04037) 서울시 마포구 양화로 59 화승리버스텔 503호
전화 02)336-0729, 0730 **팩스** 070)7610-2870
홈페이지 www.maribooks.com
Email mari@maribooks.com
인쇄 (주)신우인쇄

ISBN 979-11-93270-18-9 (03700)

- 이 책은 마리북스가 저작권자와의 계약에 따라 발행한 것이므로 본사의 허락 없이는 어떠한 형태나 수단으로도 이용하지 못합니다.
- 잘못된 책은 바꿔드립니다.
- 가격은 뒤표지에 있습니다.